Table des matièr

Remerciements

Si mes remerciements vont à ma sœur Céline pour son soutien et ses conseils, à mes parents et amis, à Sophie et Jocelyne qui m'ont encouragée, mes louanges vont à mon Seigneur et Maître, l'Éternel Dieu d'Israël.

Emue, tremblante en priant de n'écrire que ce que Lui voudrait, je suis reconnaissante à mon Seigneur d'avoir guidé mes pas et mes recherches. A chaque étape de ce livre, Il était là me poussant à aller plus loin pour braver les barrières charnelles et spirituelles.
Merci, mon Père Céleste, mon Jésus d'Amour et mon meilleur ami le Saint-Esprit, pour Ton amour indicible.

Je remercie également mon époux et mes enfants qui ont supporté de me voir m'enfermer de longues heures pour mener cette mission à son terme. Un grand merci à mon neveu Timothée pour ces magnifiques illustrations de couverture.

Préface

Tout est accompli !

Déclaration de Jésus sur la croix indiquant que désormais, il n'y a plus l'ombre des choses à venir. C'est ici le commencement.

Ce qui, dans l'Ancienne Alliance n'était que symbole, figure, et l'ombre des choses à venir, est maintenant une réalité. « Voici, toutes choses sont devenues nouvelles. » (Jean 19.30)

Jésus est venu accomplir la loi. Sur la croix Il a dit « Tout est accompli. » Juste avant ce moment où Il rendit l'esprit, la Bible nous rapporte que «[...]s s'écria d'une voix forte : " Eloï Eloï lama sabachthani ", c'est-à-dire : mon Dieu, mon Dieu pourquoi m'as-tu abandonné ? » (Matthieu 27.46)

Cette phrase, souvent mal comprise par des chrétiens, n'est pas la plainte d'un mourant affaibli qui ne comprend pas ce qui lui arrive, qui ne comprend pas la volonté du Père. Non ! En fait, Jésus commence ici à réciter le Psaume 22, où il est question de ce qu'Il subira sur la croix. Pour bien en comprendre le sens, il importe de relire ce psaume en entier. En réalité, Jésus déclare à la face du diable : « Ca y est ! C'en est fait ! Tout est accompli ! ». Malgré Sa souffrance, Il proclame Sa victoire **d'une voix forte** et triomphante.

Oh oui, Sa victoire est bien totale et irréversible ! Car désormais la renaissance est possible : nos cœurs de pierre deviendront des cœurs de chair... Il n'y a plus ni ombre, ni figure, ni symbole car Jésus, le Ressuscité, vit en nous. Il incarne à la fois les figures et les symboles et l'éclat de Sa lumière a effacé les ombres. Le trône de la grâce est maintenant accessible à tous.

Seul Son sacrifice nous permet de passer d'une dîme des bestiaux à une dîme de notre être tout entier. D'une dîme des fruits de la terre à une dîme des fruits dignes de la repentance.

Le temps de la grâce s'achèvera bientôt et la Bible déclare qu'à la fin, l'iniquité se sera accrue et l'amour du plus grand nombre se refroidira. « Mais celui qui persévérera (endurera) jusqu'à la fin sera sauvé » (Matthieu 24.13). Le verbe persévérer est employé au futur, ce qui implique que nous devons travailler à notre salut. Certes, le salut nous est offert, gratuitement : Quelle grâce ! Alléluia ! Mais recevoir le salut gratuitement ne signifie pas continuer à manifester des œuvres iniques et produire des fruits véreux juste bons à être jetés au feu.

Alors comment faire pour vivre un tel salut ?

En oubliant notre volonté et en ne recherchant que la Sienne. Comment connaître Sa volonté ?
En augmentant notre connaissance de Christ, en nous attachant fortement à la seule vérité qu'est la Bible. Car « l'homme ne vivra pas de pain seulement mais de toute parole qui sort de la bouche de Dieu.» (Luc 4.4) S'attacher à la Parole, c'est s'attacher à Christ, car Son Nom est « la Parole de Dieu » (Apocalypse 19.13). Le Saint-Esprit en nous nous aidera à marcher sur le chemin de la sanctification, Lui qui est appelé à nous conduire « dans toute la vérité. » (Jean 16.13)

« Comment le jeune homme rendra-t-il son sentier pur ? En s'attachant à la Parole de Dieu. » (Proverbes 119.9)

S'attacher, c'est L'accepter, c'est Lui obéir, c'est croire en Lui.

Introduction

Parmi les thèmes enseignés dans les assemblées chrétiennes, s'il y en a un qui soulève toujours autant d'incompréhension, de discorde et de frustration, voire de culpabilité, c'est bien celui de la dîme.

Finalement, le résultat est toujours le même ! Ceux qui peuvent donner la dîme sortent le visage haut et fier et ceux qui ne peuvent pas la donner repartent la boule au ventre avec la conviction de déplaire à Dieu. Et comme dit la Parole : Faute de connaissance, mon peuple périt ! (Osée 4.6)

Il est très important de prendre conscience que la Parole de Dieu s'analyse dans son ensemble. S'il est vrai que l'on ne retire pas un texte de son contexte, on doit se rappeler que dans la Bible, chaque livre est lié à l'ensemble des autres livres.

C'est comme l'image d'une main qui porte une boule de plomb pesant plus de 10 kilos. On ne peut voir que la paume et les doigts englobant la sphère pesante. Or, nous savons qu'il y a un poignet, lequel est rattaché à un avant-bras, puis à un bras qui, ensemble, tirent leur appui d'un torse, lequel s'assoie sur un ventre contracté, et le corps tout entier puise sa stabilité dans les jambes et les pieds fermement ancrés au sol. Sommes-nous d'accord pour dire que la boule de plomb n'est pas soutenue par une seule main mais par l'ensemble du corps ? Alors, il en va de même pour la Parole de Dieu. C'est l'étude de Son ensemble qui nous conduira dans la connaissance perpétuelle et constamment renouvelée de Dieu.
Car cette Parole est un trésor de chaque jour.

Présentation

Il fut un temps où je défendais la dîme bec et ongles, car pour moi il est important de « rendre à Dieu ce qui est Dieu » ! (Luc 10.25) Pendant une période, j'ai poussé le zèle jusqu'à verser la dîme sur mes allocations familiales, les bourses scolaires de mes enfants, bref, sur tout ! Et, vous l'aurez deviné, si mes deux fils étaient boursiers échelons 4, c'est que nos revenus « volaient » bien bas.

Certes, nous ne possédons pas tout ce que le monde nous présente et voudrait nous voir convoiter, mais nous ne manquons de rien et combien Dieu nous bénit en nous permettant d'habiter une très belle région du sud de la France.

Si la Bible déclare avec justesse que la chair n'est jamais satisfaite (Ecclésiaste 6.7), je pense qu'il faut régulièrement savoir faire une pause afin de contempler et savourer les bienfaits de Dieu plutôt que de toujours en vouloir plus. Merci, Père d'Amour, pour Tes cadeaux et Tes merveilles dont le plus grand et le plus beau est mon Sauveur Jésus. Amen.

Mais revenons à notre thème central. Avant de poursuivre, je vais me présenter. Je suis une fille de Dieu, une princesse destinée à la royauté, et mère de 3 enfants âgés de 23, 20 et 10 ans respectivement. Je suis mariée depuis 28 ans. J'ai rencontré Jésus il y a 25 ans, mais il y a 3 ans, j'ai connu un puissant réveil dans ma vie. Que d'années gâchées jusque là à ne pas savoir qui est vraiment mon Papa d'Amour et, par extension, qui je suis en Jésus !

Depuis que j'ai eu cette « révélation», j'aspire à rattraper toutes ces années gâchées.

A propos, retenez ceci : chaque moment que vous ne vivez pas pour Dieu est un moment gaspillé, perdu. Ce n'est pas à Lui de tourner autour de nous pour parsemer notre route de pétales de rose, c'est à nous, individuellement, de tourner autour de Lui afin d'apprendre à voir les choses sous son angle à Lui ! Et je puis vous assurer que la vue d'en-haut, à l'abri de Ses ailes, est tout simplement magnifique !

Maintenant que les présentations sont faites, je vais vous parler de la dîme comme vous ne l'avez probablement jamais entendu. En tout cas, pour ma part, après avoir écouté message sur message et beaucoup d'enseignements et débats sur ce sujet, mon constat reste le même :

Les contestations foisonnent autour de la dîme. De nombreux pasteurs prêchent qu'il faut donner la dîme de son revenu alors que d'autres prêchent le contraire car, disent-ils, nous ne sommes plus sous la loi. Pour moi, il est très important de s'interroger régulièrement quant aux intentions de notre cœur ! Quelles sont donc les motivations de ces deux groupes de pasteurs ?

- Les premiers entretiennent-ils l'attitude que Pierre dénonce dans son épître ? « Paissez le troupeau de Dieu qui est au milieu de vous, veillant sur lui, non par contrainte, mais volontairement, **non pour un gain honteux** mais par affection » (1 Pierre 5.2).
- Les seconds ignorent-ils que l'Ancienne Alliance est une ombre des choses à venir pour avancer constamment d'aussi pauvres arguments ? (Hébreux 10.1)

Chaque fois que j'entendais ou que je lisais de tels enseignements, j'étais frustrée, comme s'il manquait quelque chose à ces discours. Les « pro-dîme » manquaient de cohérence alors que les « anti-dîme » manquaient de fondement scripturaire, ce qui laissait planer comme une sensation de discours inachevé. Quelle frustration cela éveillait en moi à chaque fois.

Mais faisons une pause pour remonter en arrière de deux ans. Au cours de l'été 2016, alors que j'étais plongée dans la bonne Parole de Dieu, je méditais sur un texte qui portait sur la dîme. Le Saint-Esprit me poussa alors à rechercher d'autres passages sur ce sujet, notamment celui de

Deutéronome 14.23 à 27. Et là, je fus plutôt étonnée de découvrir qu'il existe une dîme (toujours de 10%) devant servir à..., devinez quoi ? La fête ! Oui, l'Éternel ordonne à Son peuple qu'une deuxième dîme soit exclusivement réservée à se réjouir en famille devant Lui.

Allez ! Je sais que certains d'entre vous diront que je n'avais qu'à mieux lire ma Bible avant ! Mais figurez-vous que je l'avais déjà lue ! Mais pas de la même façon, certes. Depuis mon vrai réveil, j'apprends à m'attarder sur chaque mot de la Bible. Mon étude, déjà à ce moment-là, déposa une conviction dans mon cœur. Je ne comprenais pas pourquoi les pasteurs ne faisaient jamais mention de cette dîme, ni de celle de la troisième année qui consiste à venir en aide aux pauvres (Deutéronome 26.12). L'idée qu'il y avait deux discours me conforta dans le fait qu'il y avait un problème par rapport aux enseignements sur la dîme. Puis, comme tout ce qui n'est pas le fruit d'une conviction est péché, je décidai de ne plus être aussi rigide dans ma façon de donner au Seigneur.

Je veux être claire : je n'ai pas dit que je ne soutenais plus l'œuvre de Dieu financièrement, mais je ne le fais plus de manière calculée, obligatoire et légaliste.

Je suis du genre à aimer que Dieu confirme les convictions posées sur mon cœur. Je Lui ai donc demandé : « Dis-moi ! Dis-moi si me trompe ! Je veux faire Ta volonté et uniquement la Tienne, alors dis-moi ! » Et là, le dimanche suivant, juste après l'attentat du 14 juillet à Nice, nous avons reçu un pasteur étranger dans notre assemblée, lequel nécessitait un interprète. L'ambiance était plutôt à l'inquiétude vu les derniers évènements horribles. Bien que cet homme ait brièvement évoqué la tristesse et la douleur de la tragédie, il est assez rapidement rentré dans le message qu'il avait sur le cœur. Et devinez quoi ? Il a prêché sur la dîme et les offrandes ! Et chose époustouflante, il a suggéré avec beaucoup de prudence que nos dons et nos offrandes servent à soutenir les pauvres de nos assemblées, tout en précisant que notre pasteur allait sûrement le haïr pour ces propos. Notre invité alla jusqu'à dire que l'on devrait pouvoir mettre dans un panier tous nos dons et laisser les pauvres venir eux-mêmes en retirer ce dont ils avaient besoin.

Waouh, me suis-je dit. C'est précisément lorsque Dieu me révèle qu'il y a un problème dans la façon dont l'argent est récolté et dépensé dans les

assemblées, qu'Il m'envoie un pasteur étranger pour confirmer qu'un changement de mentalité sur la dîme doit s'opérer dans l'Église !
J'étais absolument épatée. D'ailleurs, Dieu m'épate toujours. Vous pensez bien qu'à partir de ce moment, l'idée de donner autrement s'enracina encore plus profondément en moi puisque j'avais demandé à Dieu de me guider. Comme toujours, Il l'a fait. Alléluia ! Amen.

Bien que cette conviction fût désormais ancrée en moi, je manquais d'arguments et voulais aller au fond des choses. Non pas que j'en avais besoin pour moi-même, car d'une défenseuse convaincue de la dîme j'avais basculé vers « l'anti-dîme » et je savais que c'était l'œuvre du Saint-Esprit. Je n'avais simplement aucune envie d'avancer les mêmes raisons que les autres du genre « On n'est plus sous la loi », « Jésus a aboli la loi », etc., car je savais que ce ne serait pas suffisant et loin d'être exact, sachant que Jésus n'est pas venu abolir la loi, Il est venu l'accomplir en nous (Romains 8.4).

Tout ce que je retenais c'est l'émotion qui me submergeait en pensant à ceux qui peinaient à payer toutes leurs factures. Ce groupe s'opposait à ceux qui avaient largement de quoi donner 10%, voire 30%, mais qui se contentaient de donner les 10%, sans se soucier de leurs frères et sœurs qui se trouvaient non seulement dans le besoin, mais aussi sous l'emprise de la culpabilité. C'était pour moi tout simplement insupportable. J'ai alors demandé : « Seigneur, comment les faire sortir de cette religiosité qui les tue ? » Le Seigneur me répondit « Oui ! Faute de connaissance mon peuple périt. » (Osée 4.6)

C'est précisément la semaine avant que je me lance dans la rédaction de cet ouvrage, alors que je trépignais après un énième enseignement sur la dîme, que le fardeau d'écrire sur la « véritable dîme » fut déposé sur mon cœur. Le pire des arguments avancés parmi ces enseignements est : « si tu donnes ta dîme, tu seras béni ». Je pense à ces mères célibataires qui travaillent dur et qui élèvent seules leurs enfants, qui peinent à joindre les deux bouts, et que l'on charge encore en disant : « donne ta dîme et tu verras, Dieu va te bénir » !

Je trouve déjà scandaleux, et je pèse mes mots, de prêcher et d'annoncer sous la Nouvelle Alliance non pas le Dieu de la Grâce qui nous a été révélé en Jésus, mais le Dieu de la rétribution, selon l'attitude du fils aîné de la parabole du fils prodigue. Mais pousser le vice jusqu'à manipuler les brebis du Seigneur en usant de son influence pastorale pour les culpabiliser, là, je dis non !

Dieu ne nous doit rien, absolument rien ! Il nous a tout donné en offrant Son plus grand trésor : Jésus, qu'Il a exposé à l'ignominie, à la honte, aux souffrances, aux insultes, au mépris et au rejet. Même sa propre famille l'a rejeté (Marc 3.21). Sa chair a été écorchée vive, déchiquetée sous les coups des Romains. Il a été pendu au bois, crucifié et fait malédiction pour nous. Le Père a alors détourné Ses regards de Son Fils bien-aimé. Il L'a abandonné à ce sort si terrible. Jésus, seul a enduré toute la colère que Dieu nous réservait. Le Père a pris tout le sang de Son Fils pour expier nos fautes puis Il L'a livré à Azazel.

Qui sommes-nous ? Non mais vraiment !

Qui sommes-nous pour mériter que le Père Céleste détourne les regards de Son Fils, L'abandonne et Le livre à un tel sacrifice ? Nous étions comme des zombis, des morts qui ignoraient leur état. Avons-nous mérité que Jésus soit séparé du Père ? Qu'Il se fasse malédiction pour nous ? Qu'Il descende dans le séjour des morts à notre place ?

Maintenant que Jésus a payé notre dette et qu'Il a ouvert le Ciel par Son seul sacrifice, croyons-nous vraiment être en droit de réclamer une rétribution pour nos offrandes ? Que notre don porte le nom de dîme, offrande ou autre, peu importe ! Tout ce que nous donnons à Dieu ne saurait mériter une quelconque rétribution. Et si c'est l'intention qui motive votre cœur lorsque vous donnez, je pleure pour vous car vous semblez méconnaître la valeur du don de Dieu. Et je sais de quoi je parle pour l'avoir vécu. Que votre mentalité soit le fruit de votre éducation ou culture religieuse, ou bien de mauvais enseignements bibliques, j'ai une extraordinaire nouvelle pour vous : avec Dieu, rien n'est jamais figé. Vous pouvez repartir à zéro.

La repentance vient du grec *métanoeo* qui veut dire avoir une aversion extrême pour sa vie antérieure au point de vouloir tout y changer. On y voit la racine méta qui veut dire changement. Dans le cas d'une conversion, celle-ci ne peut avoir lieu que si la personne prend conscience que toute sa vie sans Jésus est tout juste bonne à mettre à la poubelle. Le changement doit avoir lieu depuis les racines et les fondements de l'être. Esaïe dira : « De la plante du pied jusqu'à la racine des cheveux, tout n'est que plaies putrides qui n'ont pas été soignées. » (Esaïe 1.6) Autrement dit, l'homme sans Dieu est tellement pourri que tout en lui doit être transformé. Ce que j'essaie de dire, c'est que vous pouvez avoir des valeurs tout à fait honorables, avoir grandi dans une assemblée chrétienne, avoir eu des parents qui ont fait leur maximum, mais tout ceci ne vous exempt pas d'une nouvelle naissance. Jésus est formel : « si un homme ne naît d'eau et d'esprit, il ne peut voir le Royaume des cieux. » (Jean 3.5) Or, la vie avec Dieu est excitante, toujours belle et pleine de surprises. Croyez-moi, les surprises de Dieu sont les plus extraordinaires et les plus époustouflantes qui existent.

Par conséquent, si quelqu'un, quel qu'il soit, votre papa, maman, frérot, *sister*, tonton, tata, pasteur, etc. a essayé de vous retenir dans un système dogmatique dénué de la Vie de l'Esprit, attention !!! Vous devez, vous avez l'obligation, de tout examiner à la lumière de la Parole car Elle est la seule Lumière qui subsistera.

Seules les œuvres préparées d'avance et faites de tout votre cœur ne seront pas brûlées par le regard de Jésus. Or, si vous donnez la dîme simplement parce qu'on vous a dit qu'en donnant beaucoup, Dieu vous bénirait et qu'en ne le faisant pas vous moissonneriez peu d'argent, cela est très grave !
Nous allons examiner tout cela ensemble car Dieu nous demande de **changer de mentalité.**

Quelles que soient nos erreurs, rappelons-nous que « Si nous confessons nos péchés, Il est fidèle et juste pour nous les pardonner, et pour nous purifier de toutes iniquité. » (1 Jean 1.9)

Oui, quel que soit le stade où vous en êtes, peu importe, que vous soyez converti depuis 1, 5, 10, 20 ou 30 ans, etc., vous pouvez, à n'importe quel moment de votre cheminement faire une pause.

Alors n'hésitez plus, FAITES UNE VRAIE PAUSE MAINTENANT !

Particulièrement :

- si vous voyez bien que vous ramez ou que vous tournez en rond ;

- s'il vous semble que les inconvertis sont plus heureux que vous ;
- si vous pensez que cela n'a pas de sens et que c'est vous qui devriez sauter de joie chaque jour que Dieu fait !

Mettez-vous donc à genou, répandez votre âme devant Dieu, puis criez, priez et pleurez pour que les écailles de vos yeux tombent. Ces mêmes écailles qui enfermaient Paul dans la loi doivent aussi tomber de vos yeux afin que vous puissiez être émerveillé en contemplant le Dieu de la grâce. Ne restez pas prisonnier dans une toile tissée par la frustration et la culpabilité sous l'autorité de faux enseignements. Sortez de votre prison, Jésus en a rompu les verrous. Amen. Alléluia.

Nous vivons une époque où, même dans les assemblées dites chrétiennes, les gens sont égoïstes et centrés sur eux-mêmes donc :

N'attendez pas que quelqu'un vienne vous prendre par la main.

Pour ma part, face à ce énième enseignement frustrant, j'ai prié en disant à Dieu « Qu'as-Tu cherché à nous dire, Seigneur ? Je suis sure qu'il y a plus que tout ce que j'ai pu entendre. Père, quel message caché y a-t-il dans les passages sur la dîme ? » Je souhaitais tellement faire sortir de la culpabilité ceux qui y sont maintenus captifs. Je repensais à une connaissance qui m'avait confié que, lorsqu'elle était encore une enfant dans son pays d'Afrique, le pasteur faisait du porte-à-porte dans les villages pour réclamer la dîme aux fidèles. Elle m'expliqua : « nous n'avions presque rien à manger, mais ma mère devait donner la dîme. » Quelle horreur ! Attristée, je contemplai cette personne qui avait renié Christ parce qu'un pasteur avait méprisé la valeur de l'être humain en utilisant l'Évangile pour un gain honteux.

Apprêtez-vous donc à découvrir ce qu'est la véritable dîme. Et si certains d'entre vous l'ont déjà découvert, soyez encouragés et ouvrez vos bouches pour annoncer la vérité (Esaïe 6.8).

Les premières dîmes

A-La dîme d'Abram

Voyons ce que dit la Bible au sujet de la dîme. La première fois qu'elle en parle, c'est en Genèse 14.20.

Abram apprend que son frère et son neveu sont faits prisonniers par le roi d'Elam, Kedorlaomer. Mais, remontons un peu le cours de cette histoire.

Abram était très riche en troupeaux, en argent et en or (Genèse 13.2). Il se trouve que Lot avait lui aussi beaucoup de troupeaux. Vu l'abondance de chacun, un manque de place se fit sentir et une dispute éclata entre les bergers des troupeaux d'Abram et ceux de Lot. Pour faire cesser le débat, Abram déjà perçu comme une figure pastorale à l'époque de l'Ancienne Alliance et comme le père de tous les croyants dans la Nouvelle Alliance met de suite Lot à l'aise : Il y a assez de terre devant nous. Choisis où tu veux aller, je prendrai ce qui reste (Genèse 13.9).

En agissant ainsi, Abram montre un désintérêt total pour ce qui pourrait lui être bénéfique et manifeste uniquement de la bienveillance à l'égard de son neveu.
Lot, lui, choisit alors de s'installer dans une vallée très attrayante de par les qualités qu'elle offrait et il poussa la convoitise jusqu'à dresser ses tentes tout près de Sodome.

Après que Lot se soit séparé de son oncle, Dieu réitère Sa promesse envers Abram, en lui montrant cette fois-ci le pays qu'Il lui donnerait. Abram avait accepté de se dépouiller et de s'humilier en renonçant à ce qui pourrait lui être profitable. La réponse de Dieu fut immédiate et annonça une récompense. L'Éternel renforce alors Sa première promesse faite dans Genèse 12.

Il est très important de saisir qu'au moment où Abram donna le choix à Lot, il n'attendait rien en retour de Dieu. Son attitude était purement bienveillante. Il n'a pas dit : « je vais faire ce sacrifice et Dieu va me le rendre au double. » Non. Ne faisons pas dire à la Parole ce qu'elle ne dit pas.

Poursuivons l'histoire : Le roi d'Elam, Kedorlaomer, vient de remporter la bataille contre Sodome et Gomorrhe. Il amène le peuple en captivité et emporte toutes les richesses de ces deux villes. Lot, qui avait dressé ses tentes tout près de ce lieu, se fait amener captif avec sa famille et tous ses biens par le roi (Genèse 14.11).

Soyons attentifs à ce qui suit :

Il est écrit en Genèse 14.14 : **Dès** qu'Abram eut appris que son frère avait été fait prisonnier, il arma 318 de ses fidèles nés dans sa maison.

Tout d'abord, relevons qu'Abram ne prend pas le temps de réfléchir ; il réagit immédiatement. Il ne prémédite aucunement une quelconque récompense de la part de Dieu.
On peut dire qu'Abram a fait preuve de miséricorde envers son neveu. Il aurait pu penser : « Tant pis pour lui. C'est lui-même qui s'est mis dans ce pétrin, il n'avait qu'à mieux choisir son emplacement. Puis, quelle idée d'aller « fricoter » avec les impies ! Pfeuh ! »

Non ! Sans réfléchir à ce que cela pourrait lui coûter, il arma 318 de ses fidèles nés [...], où ça ? Dans sa propre maison.

Abram est prêt à sacrifier ce qui est à lui pour aller sauver quelqu'un qui lui avait cherché querelle, qui avait choisi la meilleure part au détriment de son aîné et qui, par avidité, s'était exposé au danger, sans réfléchir aux conséquences. Interrogeons-nous : combien d'enfants de Dieu se comportent comme Lot ?

Une fois de plus, Abram, figure pastorale, incarne l'authentique pasteur puisqu'il fonce chercher et récupérer la brebis égarée. De fait, il la ramène avec tout son petit monde, ainsi que tout le butin de guerre, celui-là même qui appartenait au roi de Sodome. Dans la Parole, ce passage est relaté en seulement trois phrases qui pourraient passer inaperçues. Cependant, lorsqu'on s'y attarde on prend conscience de certaines choses :

- il a fallu réunir 318 hommes ;
- Abram a poursuivi l'ennemi jusqu'à Dan ;
- il a dû élaborer une stratégie militaire pour assurer la réussite de son offensive ;
- il a dû diviser ses troupes pour attaquer de nuit ;
- puis, il s'est battu contre l'ennemi et l'a poursuivi jusqu'à Choba.

Abram s'est vraiment mis en peine pour son prochain, sans rien attendre en retour.

Puis arrive la rencontre avec le roi de Sodome, qui précède celle d'avec Melchisédek. Nous sommes donc en présence de 3 personnages :

- Abram, qui revient avec tout le peuple et le butin ;
- Le roi de Sodome, qui entend récupérer quelque chose de cette bataille qu'il a déjà perdue, sort à la rencontre d'Abram pour lui réclamer les âmes et finit par consentir à lui laisser les biens. Intéressant, n'est-ce pas ? Nous verrons plus tard pourquoi ;
- Et Melchisédek, roi de la ville de Salem (qui signifie shalom ou paix).

À ce stade de la lecture en Genèse (14.17-18), Abram n'a encore eu aucun échange avec le roi de Sodome ; on peut même penser qu'il fait volontairement abstraction de lui. Ainsi, lorsque le roi de Salem fait son entrée dans le récit et demande d'apporter du pain et du vin à l'instar de la Sainte Cène, la conversation n'a lieu qu'entre Abram et Melchisédek, un type de Christ (Hébreux 7.3). Cette scène illustre l'intimité qui existe entre le père des croyants et son Dieu. Rien ne vient perturber cette communion, et certainement pas le roi de Sodome qui incarne le monde et ses attraits, et qui pourtant se trouve à proximité. Abram reconnaît bien à qui il doit sa victoire et il vient **L**'honorer.

Il a face à lui un roi qui, de riche à foison qu'il était, a dû détaler devant ses ennemis et a tout perdu. De la même façon, les biens terrestres existent un jour et demain ne sont plus. De l'autre côté, il y a le roi de Salem, roi de Paix et sacrificateur du Dieu Très-Haut.

Abram reconnaît immédiatement à qui il doit sa victoire sur ses ennemis. Il reconnaît sans hésiter que Melchisédek, sacrificateur du Dieu Très-Haut, est **sa meilleure part**. C'est pourquoi, il Lui donne volontairement la dîme du butin, ce qui n'est pas la dîme sur ses biens ou sur ses revenus.

Ici, la dîme revêt une forme d'allégeance puisque, devant les autorités, Abram reconnaît publiquement son maître et son Dieu en la personne de Melchisédek, à qui il doit tout. Nous voyons également qu'il ne traite pas avec le roi de Sodome que l'on peut apparenter à Satan. Rappelons-nous que, dans ce contexte, Melchisédek est une figure de Christ. Abram et Christ sont donc face à face et partagent le pain et le vin, figure de la future Sainte Cène. Ce passage annonce le sacerdoce et la dîme. Oui, mais quelle dîme au juste ?

C'est ici l'ombre des choses à venir de la Nouvelle Alliance, où aucun obstacle ne subsiste entre Dieu et l'homme. Aucun voile, aucun rituel, aucun sacrifice d'animaux, juste une communion parfaite entre le Père et l'enfant qui reconnaît son Dieu. C'est ici la promesse de ce que seront les descendants d'Abraham issus de la femme autrefois stérile et non de la servante. Car la servante a enfanté l'esclave sous la servitude alors que celle qui était stérile a accouché de l'enfant de la promesse, de l'héritier. Mais tant que ce dernier reste enfant, il est comme l'esclave (Galates 4.1). Et la loi n'étant pas encore venue comme pédagogue, l'homme ignore encore à quel point il a besoin d'un Sauveur. Il s'agit donc ici d'une vision lointaine de la postérité d'Abraham, qui dépassera la postérité naturelle de ses reins. Car de même que la descendance charnelle d'Abram est restée sous la loi après avoir connu l'esclavage, de même la postérité spirituelle d'Abraham est à l'inverse libérée de l'esclavage et de l'incapacité d'accomplir la loi car elle a embrassé la grâce du salut en Jésus. Elle peut désormais communier avec Son Père et accomplir Sa volonté en puisant ses capacités en Christ.

Il en est de même pour nous aujourd'hui : Celui qui refuse de devenir un homme fait à la stature de Christ demeure charnel, car il refuse la seule circoncision capable d'engendrer la véritable nouvelle naissance : celle du cœur (Ézéchiel 36.26). Sa méconnaissance de qui est Dieu impacte directement son identité en Christ, l'empêche de recevoir la grâce et le prive de communion avec son Seigneur. Il préfère de loin demeurer sous un semblant de loi où le chemin de sanctification est remplacé par des règles absurdes qui ne peuvent sauver.

Le père des croyants connaissait déjà qui était son Dieu, il savait que son identité était en Lui. C'est pourquoi il fait allégeance à son Roi et refuse de garder les richesses du monde. La dîme d'Abram est ici comparable à la circoncision : une ombre des choses à venir. Quant à la circoncision qui a existé **avant la loi et à l'époque de la loi**, il est écrit dans 1 Corinthiens 7.19 qu'elle n'est plus un pré requis du croyant en Christ.

Si donc la circoncision qui a existé avant la loi était une ombre des choses à venir, et qu'aujourd'hui elle n'existe plus dans la chair pour les croyants en Jésus, elle se situe alors au niveau du cœur (Romains 2.29) ; de même, la dîme qui a précédé la loi était elle aussi une ombre des choses à venir ; **désormais,** elle n'a plus trait aux biens terrestres périssables.

B - La dîme de Jacob

La deuxième occurrence du mot dîme se trouve dans l'histoire de Jacob qui met Dieu à l'épreuve en disant : « Si tu me bénis [ ], alors je te donnerai la dîme de tout ce que tu me donneras. » (Genèse 28.20)

Il est très intéressant de noter ici que lorsque Jacob fait ce vœu à l'Éternel, il vient juste de faire un rêve où Dieu lui promet de le garder, de lui donner le pays en héritage, de rendre sa postérité semblable à la poussière de la terre. Waouh ! Quelle belle promesse ! Jacob se réveille et réalise que Dieu était là ; Il en a même peur, mais, il ne connaît pas encore le Dieu qui vient de lui parler puisque, tout de suite après, il met en doute la Parole qu'il vient d'entendre par son vœu : « Si [...], si [...] et si [...], alors [ ]. »

Ce point de la lecture est très important, car Jacob réduit Dieu à sa propre façon de penser. Il ne comprend pas que Dieu connaît tout de lui, qu'Il l'a vu voler la bénédiction à son frère Ésaü, qu'Il sait combien il est menteur, tricheur, manipulateur. Pourtant, Dieu lui fait déjà des promesses stupéfiantes, bien avant que Jacob ne devienne Israël.

Retenez ceci : Dieu connaît toutes nos erreurs et tous nos travers, mais Il aime le pécheur avant même qu'il ne se repente, car Il lui réserve de grands projets et veut travailler avec lui, avec nous. Alors, cessons de tourner en rond autour de nos erreurs ! Approchons-nous du trône de la grâce dont le chemin nous a été ouvert au prix du très précieux sang de Jésus.

Revenons à Jacob. Il entend les promesses, **mais ne les reçoit pas**. Il préfère négocier avec Dieu : « Si, si, si, alors… », puis il retourne à sa vieille nature et poursuit sa vie, comme si de rien n'était.

Un jour, Dieu lui rappelle son vœu lorsqu'Il lui dit : « Lève-toi et retourne dans ta patrie [...] » (Genèse 31.13). Nous savons que Jacob était alors devenu très riche. Cependant, arrivé près du lieu où il devait bientôt rencontrer son frère, il eut peur pour sa vie et celle de sa famille. Il sait qu'il a fait beaucoup de tort à son aîné et il se retrouve dans une impasse. D'un côté, il a un beau-père chez qui il ne veut ni ne peut retourner, de l'autre, il a son frère qui le hait et qui veut très certainement se venger de Jacob qui lui a tout volé. Aïe, aïe, aïe ! Que faire ?

Fidèle à lui-même, que fait Jacob ? Il trafique de nouveau !

Il scinde son bétail en plusieurs troupeaux. Selon cinq espèces différentes ! Il ne ménage vraiment pas ses efforts. Il désire **profondément** s'attirer les grâces de son frère dont il craint le courroux.

Il va même jusqu'à envoyer ses serviteurs avec les troupeaux bien au-devant de lui à intervalle régulière pour préparer le terrain. Certainement doit-il penser : « lorsque mon frère verra les troupeaux les uns après les autres, sûrement sa fureur sera apaisée envers moi ».

Jacob met donc tout en œuvre pour obtenir une réaction favorable de la part d'Ésaü son frère afin de l'amadouer.

Récapitulons :

- Jacob est visité par Dieu pendant la nuit mais n'entend rien des promesses qui viennent de lui être faites ;
- Il fait un vœu à l'Éternel en Lui promettant la dîme de tout en ces termes : « Si, si et si, alors » ;
- Dieu rappelle son vœu à Jacob ;
- Jacob craint pour sa vie et celle des siens : pour tenter de se sauver ainsi que sa famille, il fait un énorme présent à Ésaü pour l'amadouer, sans du tout savoir quel en sera le résultat. Il place ainsi toute sa confiance dans ses biens.

Jacob se sent misérable. Il a fait le maximum en s'appuyant sur ses propres forces et ressources pour répondre à une situation quasi impossible.

Mais que se passe-t-il alors durant cette nuit qui va changer toute sa vie ?

Jacob est, semble-t-il, épuisé. Il n'en peut plus de cette vie où ses choix l'ont mené à tant de culpabilité, de remord et de crainte du lendemain. Il est au bout de sa vie. Il est vraiment exténué.

Puis, quelque chose de formidable est sur le point de lui arriver. L'ange de l'Éternel vient à lui pour combattre à ses cotés, mais contre qui, contre quoi ? Contre sa propre chair.

Jacob avait besoin d'aide pour changer de l'intérieur. Il en est de même pour chacun de nous. Tout être humain doit reconnaître son besoin d'un Sauveur. Tout être humain doit reconnaître qu'en lui-même, rien n'est bon ! Tout est à refaire, d'où le besoin d'une nouvelle naissance. Par-dessus tout, chacun doit reconnaître qu'il ne peut rien faire sans l'intervention de Dieu, son créateur.

En somme, l'ange de l'Éternel a aidé Jacob à mener le bon combat, contre sa chair. Pour mettre un terme à cette lutte et permettre que l'esprit soit pleinement victorieux sur la chair, afin que Jacob puisse enfin porter du bon fruit, Dieu le brisa. Car aucune graine ne peut porter du fruit à moins qu'elle ne meure et une graine morte, c'est une graine qui s'est rompue sous la pression de la semence qui devait jaillir.

Nous retrouvons désormais un Jacob « tout neuf » qui maintenant connaît le Dieu de la grâce. Fini la triche, les ruses et les mensonges, et Jacob ne s'appelle plus Jacob, mais Israël. Son nouveau nom signifie « Dieu triomphe ».

Rappelons-nous que l'ancien Jacob avait préparé un présent pour amadouer son frère haineux.

Pourtant ce n'est pas un frère haineux qu'il retrouve, mais un Ésaü rempli de joie qui accourt vers lui en se jetant à son cou pour l'embrasser. Intéressant, non ? Cette scène ne vous rappelle-t-elle pas un autre récit de la Bible ? Par exemple, le père qui accourt pour saisir et embrasser le fils prodigue ? Ésaü prend ici la figure du père qui pardonne, sans exiger d'explication. Il est ici une figure de Dieu Lui-même. A ce propos, je vous invite à lire Genèse 33.10.
Ésaü, figure de Dieu, demande alors à Jacob : « Qu'est-ce donc tous ses troupeaux rencontrés au devant ? A quoi servent-ils ? » Dieu connaît déjà la réponse, mais il pousse Jacob dans ses retranchements pour qu'il prenne vraiment conscience des intentions qui motivent son cœur. Jacob, à peine né de nouveau par l'Esprit, lui répond très sincèrement mais en se vautrant : [ils servent] « à trouver grâce à tes yeux ».

Je vous rappelle qu'il vient juste d'être brisé. Sa transformation est à peine à ses débuts, il est donc encore dans la mentalité « d'un prêté pour un, voire deux, trois… rendus ». Mais Dieu connaît son cœur et Il sait déjà que Jacob est maintenant en mesure d'analyser ses motivations profondes et de se remettre en question pour abandonner son vieil homme et participer à son renouvellement. Du coup, quand Jacob lui répond lamentablement que c'est pour trouver grâce à ses yeux, ce qui, en français courant pourrait donner : « c'est pour que tu m'aies à la bonne que je te fais ce cadeau », Dieu, par l'intermédiaire d'Ésaü, lui répond : « **Non,** je suis déjà riche, je n'en ai pas besoin » !

En d'autres termes, Dieu n'a pas besoin de notre argent !

« Garde donc tes troupeaux » lui répond Ésaü. Et c'est là que Jacob comprend, se ravise et répond : « Non ! Je te prie. Si, j'ai trouvé grâce à tes yeux, accepte de ma main mon présent »[1] (Genèse 33.10), ce qui change tout ! Jacob n'est manifestement plus dans l'ancienne attitude, mais il comprend que c'est parce que Dieu lui a fait grâce qu'il peut humblement Lui présenter son offrande. Jacob doit même insister pour qu'Ésaü, le type de Dieu (dans ce passage uniquement), accepte son présent.

On pourrait aller jusqu'à dire que l'offrande que Jacob fait ici, c'est l'offrande de sa chair puisque les fruits de son travail sont représentatifs de son ancien « moi ». Ce qu'il ne veut plus être, il le donne à Dieu et dépose ainsi son fardeau. Il est libéré, il a trouvé grâce aux yeux du Seigneur. La première disposition de cœur de Jacob rappelle celle de Caïn alors que la seconde est celle d'Abel.

Pensez-vous que Dieu aurait agréé une dîme qui visait à Le rendre redevable envers Jacob ? Oh que non !

« Car tu n'as agréé ni sacrifice ni holocauste… » (Psaume 40.6).

En revanche, Dieu a agréé une offrande du Jacob brisé devenu Israël. Un homme repentant et honteux de son ancien « moi », franchement désireux d'abandonner sa vieille nature. Jacob est représentatif de celui qui est esclave sous la loi car, rappelez-vous que l'enfant est comme l'esclave. C'est encore ici une symbolique… Cette scène préfigure les choses à venir ; elle illustre que la loi viendrait comme tuteur et initiateur de ce qui se ferait sous la grâce.

Nous venons de voir en Abraham et Jacob les deux personnages qui aujourd'hui constituent les piliers du peuple de Dieu, tant pour les Juifs que pour les chrétiens. Dans un premier temps, nous voyons Abraham, le père des croyants, reconnaître en Dieu son seul vrai trésor et refuser de s'enrichir sur les biens des hommes. Puis, dans un deuxième temps, nous

---

[1] - Remarquez la forme impérative du verbe accepter, « accepte », qui est réitérée au verset 11 :
Le double emploi des déterminants possessifs ne laisse aucun doute quant au fait que Jacob voulait faire comprendre que cette fois, son offrande était faite de tout son cœur.

voyons Jacob, le grand frère de tous les pécheurs repentants qui reconnaissent leur besoin d'avoir un Sauveur pour leur âme, et que ce salut ne peut être effectif que si la chair est brisée. Il permet ainsi à Dieu de triompher dans sa vie.

Ces personnages sont l'un comme l'autre les pères du vrai sacrifice, de la vraie dîme que Dieu attend : celle de la foi et celle de la vraie repentance. Chacun a donné sa dîme une fois pour toutes, contrairement aux dîmes rituelles de la loi. De la même manière, Jésus a accompli le sacrifice une fois pour toutes, par opposition aux sacrifices rituels de la loi.

Pourtant, je rappelle que ces événements se déroulent avant que la loi ne soit donnée.

Mais certains diront : « oui, mais dans la loi mosaïque, Dieu a bien institué la dîme… »

En effet, Dieu nous parle de la dîme dans différents passages dont :

- Lévitiques 27.30 ;
- Nombres 18.20-21 ;
- Deutéronome 14 ; et
- Deutéronome 26.

Les dîmes sous la loi

A - La dîme dans les livres du Lévitique et des Nombres

Chapitre 27 versets 30-31.

« Toute dîme de la terre, tant des semences de la terre que des fruits des arbres, appartient à l'Éternel ; c'est une chose consacrée à l'Éternel. Et si quelqu'un veut racheter quelque chose de sa dîme, il y ajoutera le cinquième en sus. »

Dîme du bétail verset 32-33 : « Mais pour toute dîme de gros et de menu bétail, pour tout ce qui passe sous la verge, le dixième en sera consacré à l'Éternel. On ne distinguera pas entre le bon et le mauvais, et on ne le changera pas ; si on le change, l'animal remplacé et celui qui le remplace seront l'un comme l'autre consacrés : ils ne pourront être rachetés. »

« Tels sont les commandements que l'Éternel prescrivit à Moïse pour les enfants d'Israël, sur la montagne de Sinaï. » (v.34)

Cette dîme était celle qui revenait à la tribu de Lévi pour **tous les services** qu'elle rendait au peuple. Car ce qui est souvent ignoré, c'est que le peuple de Dieu vivait sous un gouvernement théocratique c'est-à-dire institué par Dieu. Dieu avait mis en place tout un système de services utiles à Son peuple. Par exemple, nous savons que les Lévites avaient aussi la fonction de médecins, de juges, d'enseignants, etc.

Cela ressemble beaucoup à notre système fiscal français dans lequel nos impôts et autres prélèvements servent à payer les enseignants, les frais de santé, et toutes les autres institutions publiques.

Mais ce qu'il faut également noter, c'est qu'en plus de servir le peuple, les Lévites n'avaient rien reçu comme héritage terrestre. C'est pour cela que Dieu insiste tant sur ce point dans Nombres 18.20 et dans Nombres 18.24 :

« […] Tu ne posséderas rien dans leur pays, et il n'y aura point de part pour toi au milieu d'eux. » (v.20)

« Car j'ai donné pour héritage aux Lévites les dîmes des enfants d'Israël, qu'ils prélèveront pour l'Éternel en offrande : c'est pourquoi, j'ai dit d'eux : **Ils ne posséderont point d'héritage au milieu des enfants d'Israël**. » (v.24)

Pourquoi une telle différence entre la tribu de Lévi et toutes les autres ? Pour connaître la réponse il nous faut remonter un peu le cours de l'histoire.

Exode 32.1 : « 1Mais le peuple, voyant que Moïse tardait à descendre de la montagne, s'assembla vers Aaron et lui dit : Viens, fais-nous des dieux qui marchent devant nous ; car pour ce Moïse, cet homme qui nous a fait monter du pays d'Égypte, nous ne savons ce qui lui est arrivé […]
7Alors l'Éternel dit à Moïse : Va, descends, car ton peuple, que tu as fait monter du pays d'Égypte, s'est corrompu ; 8Ils se sont bientôt (rapidement) détournés de la voie que je leur avais prescrite ; ils se sont fait un veau de fonte, se sont prosternés devant lui, lui ont sacrifié, et ont dit : Voici tes dieux, ô Israël, qui t'ont fait monter du pays d'Égypte […]
19Et lorsqu'il fut près du camp, il vit le veau et les danses.
Alors la colère de Moïse s'enflamma, et il jeta de ses mains les tables, et les brisa au pied de la montagne […] 20Puis, il prit le veau qu'ils avaient fait, le brûla au feu, et le broya jusqu'à ce qu'il fût réduit en poudre, qu'il répandit sur l'eau, et il en fit boire aux enfants d'Israël [...] 26Alors Moïse se tint à la porte du camp, et dit : A moi quiconque est pour l'Éternel ! Et tous les enfants de Lévi s'assemblèrent vers lui. 27Et il leur dit : Ainsi a dit l'Éternel, le Dieu d'Israël : Que chacun de vous mette son épée au côté. Passez et repassez, de porte en porte, dans le camp ; et tuez chacun son frère, chacun son ami, et chacun son voisin. 28Et les enfants de Lévi firent selon la parole de Moïse ; et il y eut en ce jour-là environ trois mille hommes du peuple qui périrent.

> Prenons un instant pour réfléchir aux graves répercussions de leur péché, et du nôtre…

Le livre de l'Exode 19:5-6, nous apprend que **toutes les tribus étaient destinées à être un Royaume de sacrificateurs pour l'Éternel** et pas seulement celle de Lévi.

Lorsque Moïse partit pour recevoir les tables de la loi, son absence s'appesantit sur le peuple de Dieu qui ne tarda pas à retomber dans ses anciens travers, et pas des moindres. Plutôt que de s'attendre au Seigneur, il se détourna de Lui pour se tourner de nouveau vers l'idolâtrie, et pas n'importe laquelle, celle du veau d'or.

La Parole est très explicite : « Ces choses leur sont arrivées pour servir d'exemples, et elles ont été écrites pour notre instruction, à nous qui sommes parvenus à la fin des siècles. 12Ainsi donc, que celui qui croit être debout prenne garde de tomber ! » (1 Corinthiens 10.11-12)

Ce veau d'or représente plus qu'une idole. Il est aussi le symbole de l'impudicité et de l'orgueil. En effet, les enfants d'Israël avaient vécu 400 ans en Égypte, pays où l'on adore plusieurs dieux et parmi ceux-là, le dieu Apis[2]. Quel est donc ce dieu qui retourne le cerveau des Israélites ?

Apis, bœuf sacré. Apis est le nom grec d'un taureau sacré de la mythologie égyptienne vénéré dès l'époque préhistorique. Il est mentionné dans les « Textes des Pyramides de l'Ancien Empire » et son culte perdura jusqu'à l'époque romaine. Apis est symbole de fertilité, de puissance sexuelle et de force physique.

Les Hébreux ont donc choisi d'adorer un dieu qui donnerait la vie, qui cautionne la débauche sexuelle et qui serait plus puissant que Dieu Lui-même. Quelle folie, quel aveuglement !

Pourtant, pendant toute leur vie en Égypte ils avaient côtoyé des dieux égyptiens inertes et sans vie. Puis, l'Éternel est venu frapper ce pays de nombreuses plaies. Ils ont vu la manifestation de ces signes terribles, la

---

[2] Source : http://www.egypte-antique.com/page-egypte-ancienne-apis.

puissance de leur Dieu en action, ainsi que la mort des premiers-nés d'Égypte, la Mer Rouge s'ouvrir et la cavalerie de Pharaon périr sous leurs yeux. Ils ont été témoins de l'incapacité des dieux d'Égypte à agir, attestant qu'ils étaient de faux dieux... Malgré tout cela, ils choisirent de violer leur serment envers le Très-Haut pendant que Moïse se tenait devant Lui pour recevoir les tables écrites de Son doigt.

En effet, n'avaient-ils pas déclaré : « Nous ferons tout ce que l'Éternel a dit [...] » ? Pourtant, Dieu leur avait dit 2 versets plus haut : « vous serez (toutes les tribus) pour moi un Royaume de sacrificateurs. » (Exode 19.6)

Or, quand Moïse redescend de la montagne et crie au peuple : « À moi ceux qui sont pour l'Éternel [...] » (Exode 32.26), **seule la tribu de Lévi se joint à lui**. Les Lévites sont les seuls à s'humilier et à reconnaître leur faute. Ils choisissent de revenir à Dieu et de fléchir sous Sa main puissante. Ce trait de caractère qu'est l'humilité est absolument nécessaire au service de Dieu. C'est pour cela que Dieu réserve Sa présence exclusivement aux Lévites alors que les autres tribus reçoivent en héritage l'ébauche d'une promesse qui prendra tout son sens sur la croix du calvaire.

Pour résumer, en refusant de se consacrer entièrement à l'Éternel, les 11 autres tribus se comportent comme des enfants, incapables d'obéir et de tenir leurs engagements, tellement impatients de retourner aux souillures du monde. Il leur est donc impossible de servir la présence de Dieu au temple car Dieu est trois fois saint et ne peut être approché par ce qui est souillé.

Il faudra donc mettre en place tout un rituel pour illustrer ce que Dieu rêvait pour Son peuple, lequel deviendrait l'ombre des choses à venir : la dîme.

Sous la dispensation de la grâce, nous sommes tous un Royaume de sacrificateurs. **Tous !** Et tout ce que nous avons, nous l'avons reçu du Père des lumières (1 Corinthiens 4.7 et Jacques 1.17).

Notez un fait très important : En Lévitiques 27 et en Nombres 18, il n'est nullement fait mention d'argent. Les dîmes étaient prélevées soit sur les récoltes, soit sur les bestiaux, et pas n'importe lesquels. Pourtant les échanges monétaires existaient déjà. Il n'est pas écrit que les mercenaires devaient apporter 10% de leur revenu. Le mot mercenaire employé dans la Bible (Lévitiques 19.13 et bien d'autres passages) correspond à ce que nous appelons aujourd'hui les salariés. On louait leurs services en échange d'un salaire.

Mais revenons aux bestiaux. Par définition, sachant que les animaux de la dîme ne pouvaient être rachetés, et que les animaux impurs ne pouvaient être consommés, nous pouvons conclure en ce qui concerne la dîme des bestiaux, que seuls les bestiaux purs étaient acceptés.

Maintenant que nous avons expliqué l'aspect pratique et terre à terre de la dîme, cherchons à analyser son sens spirituel.
S'il est vrai que la dîme doit être comprise uniquement dans son sens premier, c'est-à-dire de pourvoir aux besoins de la tribu de Lévi et des descendants d'Aaron, alors,

- Pourquoi y avait-il une dîme qui pouvait se racheter, et l'autre non ?
- Pourquoi Dieu acceptait-il les animaux parfaits autant que les animaux imparfaits sans que les premiers puissent remplacer les seconds alors que dans les sacrifices, les animaux imparfaits étaient refusés ?
- Pourquoi n'y avait-il pas de dîme sur les poissons ou les colombes (alors que l'élevage de colombes était une activité courante en Israël comme l'attestent les colombiers retrouvés) ?
- Pourquoi les éleveurs de troupeaux de chameaux ou d'ânes ne ramenaient-ils pas 10% de leur augmentation de cheptel ?

I- La dîme des bestiaux

Toute dîme de gros et de menu bétail, de tout ce qui passe **sous la houlette**, sera une dîme consacrée à l'Éternel.

Seuls **les animaux purs** qui passent sous la houlette sont acceptés de Dieu : bœufs, brebis, chèvres, **les parfaits et les imparfaits, seront l'un et l'autre chose sainte, et ne pourront être rachetés** (Lévitiques 27.32-33).

Encore une fois, le bétail « agréé » nous est défini en Deutéronome 14.4-5 comme suit : « 4Voici les animaux que vous mangerez : le bœuf, le mouton et la chèvre, 5Le cerf, la gazelle, le daim, le chamois, le chevreuil, le bœuf sauvage et la girafe. »

Le verset 4 concerne les animaux purs qui passent sous la houlette d'un berger, tandis que le verset 5 concerne les animaux purs ne passant pas sous la houlette d'un berger. Ils sont donc « sauvages » aux yeux de Dieu comme Il nous le précise au verset 5.

Les versets 32 et 33 du chapitre 27 du Lévitique sont explicites : uniquement les animaux qui passent sous la houlette sont recevables. On peut alors déduire que seuls les bœufs, brebis et chèvres du verset 4 étaient présentés au Seigneur car eux seuls passent sous la houlette. Cet instrument représente l'autorité à laquelle les animaux étaient soumis.

Les animaux en question sont qualifiés de purs car d'une part, ils sont ruminants, d'autre part, ils ont le sabot ou la corne fendu.

Ruminer ! C'est extraordinaire ce que les 4 estomacs d'un ruminant peuvent faire. Cet animal mastique sa nourriture, l'envoie dans le premier estomac où elle peut rester 48 heures. La première « bouillie » est ensuite régurgitée et remastiquée, c'est ce qu'on appelle la rumination. De là, les aliments s'en vont dans le deuxième estomac qui récupère tout ce qui nécessite une deuxième fermentation. Puis, c'est à nouveau régurgité dans la mâchoire qui recommence une troisième rumination, etc. En tant que chrétiens, nous sommes appelés à nous nourrir de la Parole de Dieu de la même manière, à la ruminer et la méditer jour et nuit. Oui, chaque enfant de Dieu est appelé à être un ruminant des Saintes Écritures, afin d'assimiler chaque suc, vitamine et bienfait de cette Parole vivante.

Quant au sabot fendu ou à la corne fourchue, il laisse une empreinte au sol, ce qui symbolise le brisement de la chair (du corps et de l'âme) et nous ramène au récit de Jacob frappé à la hanche et contraint de boiter le reste de ses jours. Un boiteux ne laisse-t-il pas une empreinte significative au sol ?

Un chrétien stable, c'est un homme ou une femme régénéré en Christ qui connaît l'autorité que lui confère le nom de Jésus. Le sacrifice de Jésus l'a réhabilité dans sa dignité première. Ce chrétien sait qui il est en Christ : il sait qu'il est libéré du péché et de la mort. Or, cette liberté nouvellement acquise à la croix, ne saurait être vécue de manière équilibrée sans s'appuyer sur une excellente méditation quotidienne de la Parole et sur une acceptation du brisement de sa chair.

Sous la bienveillance du Saint-Esprit, qui est notre houlette et la discipline de sa Parole, qui est notre bâton, nous sommes rassurés et pouvons emprunter en toute tranquillité le chemin de sanctification pour être transformés de gloire en gloire.

Un chrétien qui accepte le salut en Christ mais qui refuse de se soumettre sous la main puissante de Dieu se ment à lui-même puisqu'il s'oppose à l'Évangile et à ce qui en fait Sa force. Maintenant libéré de la mort et du péché, il a le choix de stopper les désirs du péché qui cherchent à dominer sa chair. Dieu est clair lorsqu'Il s'adresse à Caïn dans Genèse 4.7 : « Le péché se couche à la porte (de ton cœur) et ses désirs se portent vers toi ; mais toi, domine sur lui [...] » Le dernier verbe est un ordre que Caïn reçoit.

Un chrétien charnel est un chrétien qui refuse la discipline de la Parole ; ce manque de discipline amène aux murmures, puis à la désobéissance. On peut alors se poser la question : « Suis-je un vrai disciple de Christ ? » La désobéissance est ce qui a permis à Satan de remporter la victoire dans le jardin d'Eden. Rien n'a changé aujourd'hui : la désobéissance permet au péché, qui se tient à la porte, d'entrer et de se répandre afin d'incliner la chair à accomplir ses seuls désirs. Heureusement, sous l'action du Saint-Esprit, nous pouvons prendre conscience de nos travers et humblement nous mettre en règle, sans tarder.

Trop nombreux sont les chrétiens qui estiment que la Parole est obsolète et que pour s'y conformer, il faudrait La réécrire. Leur rumination se transforme alors en murmures.

Réfléchissons : Qu'est-il arrivé aux deux millions qui ont murmuré dans le désert après la sortie d'Égypte ? **Aucun d'eux** n'est entré en terre de Canaan si ce n'est Josué et Caleb qui ont cru à ce que Dieu leur avait dit. Les murmures ont nourri l'incrédulité et vice et versa, et le tout a conduit à la mort, selon les paroles de l'Écriture : **« La vie et la mort sont au**

pouvoir de la langue, quiconque l'aime en mangera les fruits » (Proverbes 18.21).

Certains me diront : « Oui, mais ! On ne peut pas se forcer ! La bonne nouvelle de l'Évangile, c'est que nous sommes sous la grâce. Chacun chemine à son rythme. » C'est vrai, vous avez raison !

Prenons le cas de deux petits enfants. L'un a 12 mois et marche seulement depuis une semaine, l'autre a 15 mois et commence déjà à courir. Les deux ne vont pas au même rythme, mais les deux ont exactement la même motivation, la même intention, la même « niaque ». C'est sûr ! Tout est question de **motivation et d'intention !**

Et c'est là que la symbolique de la houlette prend tout son sens.

Dieu nous a créés avec le libre arbitre. Depuis le début de Sa Parole, Il nous demande de choisir ; il a donc toujours été question de décider, de mettre en action notre volonté propre. (Josué 24.15 et Miché 4.5)

La houlette, c'est le sceptre, l'autorité. Autrement dit, les animaux qui étaient acceptés pour la dîme étaient ceux qui passaient sous la houlette (l'autorité) de leur propriétaire ; chaque propriétaire amenait ainsi un 10e de son bétail au sacrificateur. C'était une ombre des choses à venir. Aujourd'hui, sous la grâce, Dieu nous demande de soumettre **notre être tout entier à** notre propre autorité régénérée par **Son Esprit !** Or, cette dîme ne concerne pas que le 10e, mais le « 100e » ou la totalité de notre être, que nous offrons à Christ le Souverain Sacrificateur pour toujours selon l'ordre de Melchisédek. Certes, nous conservons le libre arbitre que Dieu nous a donné dès la création, mais ce choix doit nous conduire à soumettre nos corps, qui sont maintenant placés en Jésus, à honorer Son Nom et non pas à Le souiller. Ne faisons pas de la grâce qui nous a été donnée en Jésus une raison de pécher sous couvert du libre arbitre.

Encore une fois, l'Ancienne Alliance est un aperçu des choses à venir. Mais ce qui était prescrit antérieurement reste insignifiant en comparaison avec le sacrifice de notre Dieu et Ses promesses dans la Nouvelle Alliance :

- Les sacrifices d'animaux ne sont **rien** comparés au sacrifice de Jésus ;

- La circoncision de la chair n'est **rien** comparée à celle du cœur, car le plus difficile pour l'être humain, c'est d'abandonner son ego ;
- La dîme du bétail n'est **rien** comparée à la totalité de ta vie entièrement consacrée à Jésus ;
- L'héritage de la terre de Canaan n'est **rien** comparé à la Jérusalem céleste qui nous attend.

Notez bien car c'est très important : la dîme du bétail ne pouvait pas être rachetée. Cela est si évident puisque cette dîme représente ta vie ; dès l'instant où tu l'as donnée à Jésus, elle ne t'appartient plus. Tu ne peux donc pas la reprendre. Si tu passes outre, tu es un apostat et tu divorces d'avec Jésus.

En grec, apostasie se dit apostasia, ce qui veut dire désertion alors que *apostasion* signifie divorcer. Ces deux mots grecs ont la même racine.

Il est aussi très important de remarquer que la dîme est différente des offrandes et des dons que Dieu agréait, car elle seule admet les animaux imparfaits. Et de nouveau, cela prend tout son sens pour nous.

Quand tu donnes ta vie à Jésus, Dieu t'accueille tel que tu es, avec toutes tes imperfections. Dans le texte de Lévitique 27.33, Dieu est catégorique : « on n'examinera pas si l'animal est bon ou mauvais et l'on ne fera point d'échange par un autre, ils seront **l'un comme l'autre chose sainte**. »

Amen, c'est merveilleux ! Dieu nous dit, Qui que tu sois, quelle que soit ta perception de toi-même, que tu te sentes imparfait, souillé, misérable et condamnable, **tu as de la valeur à Mes yeux**, tu M'es aussi précieux que n'importe qui d'autre. J'interdis à quiconque d'estimer ta valeur car c'est Moi, ton Dieu, qui t'ai créé et qui t'ai consacré à moi, c'est Moi qui t'aime. Aucun autre individu ne saurait racheter ta vie. Dieu met donc **tous** les hommes à égalité. Le seul qui ait pu racheter nos vies, c'est Jésus. C'est pourquoi nous Lui sommes si précieux et que nous avons tant de valeur à Ses yeux.

Tant que vous voudrez vivre une vie où seuls 10% de votre argent et 2 heures de présence au culte le dimanche matin résument votre consécration pour Dieu, vous ne connaîtrez pas quelle est la valeur de votre vie. Elle est si précieuse que votre Papa d'Amour vous dit : « donne-la moi, arrête de vouloir tout contrôler, moi Je suis ton Dieu qui t'aime, Je vais prendre grand soin de toi. »

Réduire les enseignements sur la dîme à 10% du revenu des fidèles croyants revient à :

- Cantonner les âmes à une vie misérable où Dieu n'est pas leur meilleure part ;
- Occulter le sens spirituel de la dîme ;
- Vouloir maintenir les chrétiens dans la même position que le Jacob charnel qui n'avait rien compris au grand Amour de son Dieu ;
- Réduire notre relation avec Dieu à un vulgaire échange monétaire alors que la Parole n'en parle nullement en ces termes.

En réalité, la fidélité et la sanctification vont bien au-delà des 10% de notre revenu.

Si nous réfléchissons quelques minutes là-dessus, nous verrons que :

- D'un côté, Jésus nous dit que l'amour de l'argent est la racine de tous les maux et que nous ne pouvons servir deux maîtres.
- De l'autre, les pasteurs pro-dîme enseignent : « si tu veux prospérer, donne 10% de ton salaire ».

Allons encore plus loin. Quand Jésus encourage le jeune homme riche à vendre tous ses biens, à qui lui dit-Il de donner son argent ? Aux pauvres. Ensuite Il l'invite à Le suivre afin d'hériter du Royaume. Voilà donc la véritable dîme que Dieu désire, celle de notre corps et de notre âme. Car dans ce récit, l'argent était le dieu de l'homme riche. Il ne lui dit pas : « va donner ton argent aux sacrificateurs, t'inquiète, dans peu de temps mon Père te le rendra au centuple » !

Jésus ne promet jamais au jeune homme riche qu'il moissonnera 10 ou 100 fois ce qu'il a semé. Il lui dit qu'il aura un trésor dans le Ciel. Il ne promet pas de lui restituer avec un méga bonus des biens terrestres et périssables. Tout ce que nous avons besoin de savoir, c'est que notre Papa d'Amour prend soin de nous et qu'Il nous donne ce dont nous avons besoin, sachant que Lui seul sait de quoi nous avons réellement besoin.

Il nous revient donc d'arrêter d'avaler n'importe quel enseignement ! Rejetons les faux raisonnements qui n'ont aucun réel fondement biblique ! Nous devons scruter les Écritures afin que la Vérité nous rende libres (Jean 8.32). Libres de toute culpabilité, du mensonge et de l'esclavage car, rappelons-nous que : l'enfant sous le pédagogue est comme l'esclave, tandis que sous la Nouvelle Alliance, l'enfant est transformé en homme ou femme qui vise la parfaite stature de Christ (Éphésiens 4.13).

II- La dîme des fruits

Dîme de la terre (Lévitique 27)
« Toute dîme de la terre, tant des semences de la terre que des fruits des arbres, appartient à l'Éternel ; c'est une chose consacrée à l'Éternel. Et si quelqu'un veut racheter quelque chose de sa dîme, il y ajoutera le cinquième en sus. » (v.30-31)

Que sont les fruits, les récoltes ?
Dans l'évangile de Matthieu 5.22, Jésus nous met en garde :
« […] mais celui qui dit à son frère Raca mérite d'être puni ».

Raca est un mot grec qui signifie vaurien, vide, indigne...

Ce verset s'oppose à un autre passage où Jésus déclare : « sans moi, vous ne pouvez rien faire » (Jean 15.5). Que veut nous dire Jésus ?

D'un côté, Il avertit que sans Lui, nous sommes incapables de faire quoique ce soit de bien ; de l'autre, Il nous dit en quelque sorte : « Je vous interdis de vous traiter d'incapables ».

« Demeurez en Moi, et Je demeurerai en vous. Comme le sarment ne peut de lui-même porter du fruit, s'il ne demeure attaché au cep, ainsi vous ne le pouvez non plus, si vous ne demeurez en moi. Je suis le cep, vous êtes les sarments. Celui qui demeure en moi et en qui je demeure porte beaucoup de fruit, car sans moi vous ne pouvez rien faire. » (Jean 15.4)

En analysant le contexte, nous comprenons que Jésus apporte la réponse : pour porter de bons fruits, nous devons demeurer en Lui et Lui demeurera en nous.

Dans un autre passage, Jésus dit qu'Il priera le Père pour que nous soyons remplis du Saint-Esprit. Dans Jean 14.16, Jésus Le nomme « un autre consolateur ».

Le mot « autre » vient du grec *allos* et non pas *heteros*. Ce que Jésus dit ici, c'est que le Saint-Esprit est un autre Lui-même.

Comme l'expliquait Colin Urquhart lors de l'une de ses conférences, c'est comme avoir une orange dans la main droite et un autre fruit comme la pomme dans la main gauche ; l'orange est *heteros* de la pomme. Mais si vous dites, j'ai une orange dans la main droite et une autre dans la main gauche, là, l'orange est *allos* de la seconde orange.

En d'autres termes, Jésus explique que, tout comme Lui et le Père ne font qu'un, Jésus et le Saint-Esprit sont identiques ; ainsi le Père, le Fils et le Saint-Esprit sont réunis dans la divine trinité.

Il est maintenant clair que, si l'on admet que tout chrétien est investi du Saint-Esprit car nul ne peut confesser[3] que Jésus est Seigneur si ce n'est par le Saint-Esprit, nous ne pouvons traiter un enfant de Dieu de raca. Il est tout aussi clair qu'une personne qui dit vouloir suivre Jésus et qui refuse de se soumettre aux conseils du Saint-Esprit ne peut porter de bons fruits. Car l'orgueil rattaché aux plaisirs de la chair est inimitié contre la Vie de l'Esprit (Romains 8.7).

« Mais le fruit de l'Esprit, c'est la charité, la joie, la paix, la patience, la bonté, l'amour du bien, la fidélité, la douceur, la tempérance. » (Galates 5.22)

Sous la grâce, remplis et guidés par le Saint-Esprit qui est notre meilleur ami, nous pouvons porter des fruits dignes de la repentance. Oh, bien sûr, nous ferons des erreurs et nous essaierons plus d'une fois d'emprunter des

---

[3] Le mot confesser tire son origine grecque de *exomologeo* et *homologeo* signifiant : être d'accord, consentir, s'engager avec, avouer reconnaître publiquement et joyeusement, promettre, honorer, adorer. (Tiré de Top Bible hébreux/grec.)

chemins que notre Ami nous a déconseillés de prendre..., mais si nous sommes humbles, nous serons sensibles à Ses larmes et à Ses soupirs, et nous saurons revenir là où nous avons lâché Sa main. Si, au contraire, nous persistons dans notre voie charnelle, les conséquences de nos choix ne tarderont pas à se faire sentir car Dieu résiste aux orgueilleux et, « ce qui est né de la chair est chair, ce qui est né de l'Esprit est esprit. » (Jean 3.6)

Autrement dit, ce que Dieu nous dit, c'est : « Tu veux agir selon ta chair ? Ok ! Mais tu devras en assumer les conséquences. » Malheureusement les conséquences sont très souvent accompagnées de remords, voire de larmes.

Alors là, j'entends déjà des voix s'élever d'un ton offusqué : « Que dit-elle ? Insinue-t-elle que nous n'avons pas droit à l'erreur !? »

Non ! Je n'ai pas dit cela. Je dis juste que si nous faisons des choix sans les soumettre au Saint-Esprit et que nous nous payons un mur, nous devrons adopter l'attitude suivante :

2 Chroniques 7.14 : « Si mon peuple, sur lequel mon nom est invoqué, s'humilie, prie, et cherche ma face, et qu'il se détourne de ses mauvaises voies, alors je l'exaucerai des cieux, je pardonnerai ses péchés, et je guérirai son pays. » En clair, nous devrons :

- Nous humilier ;
- Prier ;
- Chercher Sa face ;
- Nous détourner de nos mauvaises voies, sachant que toutes les voies charnelles sont mauvaises aux yeux de Dieu.

Voilà l'attitude de cœur que nous devons avoir lorsque nous réalisons que nous avons péché en manquant la cible. Arrêtons d'avoir peur de ce mot « péché » car nous péchons toutes les fois que nous avons des pensées, des mots, des attitudes, des choix qui ne sont pas conformes à la volonté de notre Père. En bref, nous péchons tous les jours. C'est pour cela que nous avons tellement besoin de Jésus. Et Il le savait. C'est pourquoi Il a promis de ne pas nous laisser orphelin.

Nous devons alors nous revêtir d'humilité, celle que Dieu agrée et qui consiste à :

- Reconnaître que nous avons besoin du Sauveur qu'est Jésus ;
- Nous approcher de Lui chaque matin reconnaissant notre incapacité à produire quelque chose de bon sans Lui ;
- Venir chercher auprès de Lui tous les matins notre dose de grâce et de miséricorde car elles se renouvellent chaque matin ; sans elles, nous sommes misérables ;
- Lui consacrer notre emploi du temps, notre corps, notre bouche, tout ! Tous les jours ;
- Lui dire combien nous L'aimons, combien Il est merveilleux et que tout ce qu'Il a prévu est parfait. Et même si nous ne comprenons pas tout, nous savons qu'Il veille sur nous.

Galates 5.25 dira : « si nous vivons par l'Esprit, marchons aussi par l'Esprit. »

Traiter quelqu'un de raca revient à dire qu'il n'a aucune valeur, qu'il est vide et qu'il n'a rien reçu. Or, c'est faux ! Chaque enfant de Dieu a une très grande valeur et il est loin d'être vide puisque le Saint-Esprit a fait de chacun de nous Sa demeure. Chacun a reçu des dons et des talents et tout ce que nous avons reçu, je le répète, nous l'avons reçu uniquement pour servir le Royaume de Dieu : « Qu'as-tu que tu n'aies reçu ? Et si tu l'as reçu, pourquoi te glorifies-tu, comme si tu ne l'avais pas reçu [...] ?» (1 Corinthiens 4.7)

À trop vouloir prêcher la dîme sur les salaires, on se retrouve avec des assemblées remplies de fidèles assistés, incapables de rentrer dans leur appel faute de **vouloir** le chercher. Et oui ! On tombe dans le système : « je paie ma dîme, alors les responsables n'ont qu'à se débrouiller pour l'utiliser à bon escient ! » Bien sûr, j'y vais un peu fort. Mais combien ont réellement à de « prendre soin des âmes » dans les assemblées ? On compte sur une infime poignée de personnes investies, corvéables à merci pour accomplir tant de travail. Le problème chez beaucoup d'enfants de Dieu, c'est qu'ils ont oublié que ce n'est pas uniquement leur cœur qu'ils ont donné à Christ, mais leur vie toute entière. Et leur vie entière, c'est leur bouche, leurs mains, leur corps, leur famille, leur maison, leur voiture, leur loisir, leur temps, leur argent [...], **tout** !

Ce sont là les fruits et les semences que Dieu désire.

Quand nous prenons conscience de la misère et de la fin horribles dont Jésus nous a sauvés et délivrés, nous voulons alors vivre chaque moment pour Lui, pour Sa gloire. Certains diront : « c'est impossible de vivre comme ça ! » Qui a dit que c'était facile ? Si on vous a prêché un évangile de la facilité et du farniente, on vous a menti. Mais la bonne nouvelle, c'est que Jésus a promis d'être tous les jours avec nous ; c'est notre coach personnel. Il nous aide quand ça devient difficile ou angoissant. Chacun à son rythme, mais tous avec la même « niaque » ! Ce que Dieu recherche, ce sont des cœurs volontaires qui mettent leur foi en action et qui n'attendent pas que ça leur tombe tout cuit dans la bouche. Comme le dit Proverbes 26.15 : « le paresseux plonge la main dans le plat mais il trouve pénible de la ramener à sa bouche ». Intéressant, non ?

Il « plonge » la main, donc il est gourmand ; il ne se contente pas de saisir une petite portion de nourriture. Puis, il **trouve** pénible [...] ; c'est son regard et son appréciation de la situation, ce n'est pas la réalité. Combien veulent diriger les choses à leur façon et si on n'abonde pas dans leur sens, ils renoncent à faire leur part ou ils empêchent ceux qui voudraient avancer de travailler (3 Jean 9-10).

La dîme des fruits, c'est tout ce que Dieu t'a donné pour servir Son Royaume. Et si tu refuses de la Lui donner, il t'en coûtera 20% de plus de la valeur de rachat. Waouh ! Ne t'est-il jamais arrivé de faire autrement que ce que le Saint-Esprit t'avait dit ? Puis, par la suite, tu t'es rendu compte que ça ne t'avait pas du tout profité. Au contraire, il est même survenu des problèmes et tu as pensé : « Ha ! Si j'avais su, j'aurais mieux fait d'écouter la petite voix qui m'avait averti… » Il se pourrait bien que la petite voix soit celle du Saint-Esprit.

Dieu est Amour. Ce n'est pas un despote qui veut tout nous prendre et nous épuiser. Dieu est équilibré et toute la création témoigne de cet équilibre parfait qui Le caractérise ; Il veut que nous le soyons aussi.

Lorsque nous donnons tout au Seigneur, nous produisons des fruits dignes de la repentance car nous ne sommes plus attachés aux biens terrestres. Et ces fruits, porteurs de semences, produiront une plus grande récolte.

La dîme de la terre, ce sont les fruits qui émanent de ton cœur. Ton cœur, c'est ta terre et, si tu ne demandes pas au Seigneur les sources d'eau comme l'a fait Acsa (Josué 15.19), ta terre sera pauvre et produira moins de fruits, voire des fruits flétris qui ont manqué d'eau. Cette eau que Dieu veut te donner purifiera tes motivations. Ton amour pour Lui grandira et te rendra encore plus sensible au Saint-Esprit afin que tu donnes des fruits encore plus excellents.

Humilie-toi sous la main puissante de Dieu, reconnaît comme Jacob que tu n'es rien sans Jésus (Jean 15.5). Viens t'abreuver à Sa source chaque jour pour que tes fruits regorgent de Sa Vie et que ta récolte soit multipliée.

Certains d'entre vous diront : « Mais que veut-elle dire ? On ne peut pas vivre 24 heures sur 24 pour les frères et sœurs de l'assemblée. »
Rappelez-vous que **vous** êtes l'Église. N'attendez pas d'être entre les murs du bâtiment de votre assemblée pour vivre la Vie du Royaume. Où que vous soyez, c'est vous qui amenez la vie et qui la transmettez autour de vous. Jésus a dit : « vous êtes le **sel** de la terre et la **lumière** du monde [...] » (Jean 9.5). « Allez, **faites** de toutes les nations des disciples [...]» (Matthieu 28.19).

Que vous soyez marié, ou célibataire, votre premier terrain d'évangélisation, c'est chez vous. Votre famille, celle qui est proche et celle qui est moins proche. Puis, votre « terrain » s'étend vers votre voisinage, vers vos collègues de travail, les commerçants chez qui vous faites vos courses, les parents d'élèves, les gens à l'arrêt de bus, la caissière du supermarché qui a l'air si triste, sachant que la meilleure façon de témoigner, c'est d'être bienveillant et rigoureux.

Visons l'excellence en tout : dans notre manière de nous habiller, de nous maquiller pour les dames, de parler, de conduire sur les routes surtout les messieurs[4], de manger, de faire nos courses et autres achats importants, dans notre façon de travailler mais surtout dans nos relations humaines. Quand nous faisons une « bonne œuvre », examinons toujours les intentions de notre cœur. Si notre motivation n'est pas la cause de Christ

---

[4] Le manuel d'apprentissage destiné aux élèves du permis de conduire met en garde ces derniers indiquant que 90% des accidents mortels sont provoqués par des hommes. Il avance l'hypothèse qu'une trop haute estime de soi les pousse à l'imprudence.

animée par l'amour désintéressé, alors cette œuvre ne produira que du vent (1 Corinthiens 13) et elle sera brûlée.

C'est facile de mettre Jésus en premier. Il suffit de commencer avec des choses simples, toutes simples. Des choses de la vie de tous les jours, des gestes que l'on répète si souvent. Pourtant, chaque geste demande de la rigueur pour honorer le Royaume. Aussi, Dieu dit : « tu m'as été fidèle dans les petites choses et je t'en confierai de plus grandes. » (Matthieu 25.21) Et pour celles qui nous semblent insurmontables, croyons ce qui est écrit : « Je puis **tout** par Celui qui me fortifie » (Philippiens 4.13).

Semer sans rien attendre en retour, semer dans la bienveillance juste pour l'amour de Jésus. Peut-être serez-vous témoin de la récolte ! Ou pas ! Cela ne vous appartient pas. Mais une chose est sure, vous aurez apporté la dîme de votre terre.

B - Les dîmes du Deutéronome (14 et 26)

I - La dîme des fêtes

« Tu lèveras la dîme de tout ce que produira ta semence, de ce que rapportera ton champ chaque année. Et tu mangeras devant l'Éternel, ton Dieu, dans le lieu qu'il choisira pour y faire résider Son nom, la dîme de ton blé, de ton moût et de ton huile, et les premiers-nés de ton gros et de ton menu bétail, afin que tu apprennes à craindre toujours l'Éternel, ton Dieu. Peut-être lorsque l'Éternel, ton Dieu, t'aura béni, le chemin sera-t-il trop long pour que tu puisses transporter ta dîme, à cause de ton éloignement du lieu qu'aura choisi l'Éternel, ton Dieu, pour y faire résider son nom Alors, tu échangeras ta dîme contre de l'argent, tu serreras cet argent dans ta main, et tu iras au lieu que l'Éternel, ton Dieu, aura choisi. Là, tu achèteras avec l'argent tout ce que tu désireras, des bœufs, des brebis, du vin et des liqueurs fortes, tout ce qui te fera plaisir, tu mangeras devant l'Éternel, ton Dieu, et tu te réjouiras, toi et ta famille. Tu ne délaisseras point le Lévite qui sera dans tes portes, car il n'a ni part ni héritage avec toi. » (Deutéronome 14.22-27)

Quel Dieu merveilleux et extraordinaire nous servons ! La fête fait partie intégrante de la vie du croyant. Dieu a établi plusieurs fêtes. Trois d'entre elles exigent que le peuple se déplace jusqu'au lieu désigné par le Seigneur.

Pour bien comprendre la dîme des fêtes, nous allons parler des 7 fêtes de l'Éternel :

- **Pâques** est célébrée à la tombée du jour du 14 de Nissan (Exode 12) ;
- **La Fête des pains sans levain,** le 15e du mois de Nissan (Lévitique 23) ;
- **La Fête des prémices, au moment du** 1er coup de faucille (aucune date précise); la 1re gerbe est présentée le lendemain du chabbat hebdomadaire ;
- **Pentecôte,** 50 jours après la présentation de la 1re gerbe, au 3e mois ; on l'appelle aussi « Fête des semaines » ;
- **La Fête des trompettes à Roch Hachana**, le 1er jour du 7e mois ;
- **La Fête des expiations à Yom Kippour**, le 10e jour du 7e mois ;
- **La Fête des tabernacles**, du 15e au 21e jour du 7e mois.

Ce que nous constatons d'emblée, c'est qu'il y a 2 groupes de fêtes, puis une qui s'intercale entre ces deux groupes. L'ensemble des fêtes se déroulent sur 6 mois.

La première débute le soir du 14e jour, soit au début du 15e jour du 1er mois. La dernière commence au 15e jour du 7e mois, soit le 6e mois.

La Fête de la Pâque

Elle signifie : passer outre, par-dessus. Pour le peuple juif, elle rappelle leur départ du pays d'Égypte. Cette fête symbolise la libération d'un peuple maintenu en esclavage et rendu à la liberté.

Pharaon n'a accepté de le laisser partir que lorsque l'Éternel est venu frapper tous les premiers-nés égyptiens alors que ceux des Hébreux sont restés indemnes. En effet, grâce au sang des agneaux badigeonné sur les linteaux et les 2 poteaux des maisons des Hébreux, le destructeur a été empêché de frapper le peuple de Dieu. La mort est « passée outre, par-dessus » leurs habitations. **Ce soir-là, les Juifs sont passés du statut d'esclaves à celui d'hommes libres** puisque c'est à ce moment précis que Pharaon leur a rendu leur liberté. Toute l'assemblée d'Israël devait manger la Pâque avec des pains sans levain et des herbes amères. Ce repas devait être pris debout, le bâton à la main, à la hâte (Exode 12.8-11).

Sous la Nouvelle Alliance, Jésus est devenu notre Pâque, et c'est tous les jours que nous fêtons Sa grande victoire sur Satan. La mort doit donc passer outre et par-dessus nos vies grâce au précieux sang de l'Agneau, et tout ce qu'elle renferme et le péché qui émane d'elle nous sont maintenant étrangers, d'où **les pains sans levain** censés représenter nos vies sans orgueil, ni hypocrisie. Nous devons toujours être vigilants (**debout**), en nous appuyant sur notre **bâton** qu'est la Parole, et en nous rappelant par les **herbes amères** combien le sacrifice de Jésus fut douloureux ; **à la hâte** car un si grand et beau Cadeau ne saurait souffrir de réflexion ; y réfléchir, c'est déjà y renoncer.

Dieu, qui nous a aimés dès la fondation du monde, avait prévu de nous sauver au moyen du sacrifice de Son Fils bien-aimé. De même que la colère de Dieu ne s'est pas détournée de tous ceux qui n'avaient pas appliqué le sang de l'agneau sur leurs linteaux, de même elle demeure sur tous ceux qui refusent d'obéir à Jésus (Jean 3.36).

Nous sommes appelés à honorer Jésus qui, par son sacrifice à la croix, a vaincu la mort. C'est Son sang qui nous sauve et nous libère de la mort et du péché. Jésus est à la fois le grand sacrificateur et le sacrifice : l'Agneau parfait. **Nous étions morts (spirituellement), et voici, nous sommes devenus vivants de Sa Vie Zoé, c'est-à-dire de la vie éternelle.** « Or, la vie éternelle, c'est qu'ils te connaissent, toi, le seul vrai Dieu, et celui que tu as envoyé, Jésus-Christ. » (Jean 17.3)

La Fête des pains sans levain

Cette fête s'étend sur 7 jours, le premier et le dernier jour étant des jours de convocation solennelle mais aussi des jours chômés pendant lesquels il leur était interdit de travailler. Ce sont des jours fériés qui peuvent tomber en plein milieu de la semaine.

Ce shabath[5] se distingue du sabbaton hebdomadaire. C'est pour cela que dans Jean 19.31, les Juifs demandent à descendre le corps de Jésus le soir même. En effet, entre les deux soirs se fêtait la Pâque, et le lendemain était la sainte convocation, soit le premier jour de la Fête des pains sans levain, donc chabbat. Ainsi, Jésus est crucifié à 9 heures le matin du jeudi et Il est ressuscité le dimanche matin, soit 3 nuits et 3 jours plus tard, comme Il l'avait dit. Concrètement, à la tombée de la nuit, les Juifs célébrèrent la Pâque, qui fut suivie de la Fête des pains sans levain, un jour férié de Grand Chabbat (Chabbat Hagadol), puis du chabbat hebdomadaire. C'est pourquoi les femmes ont dû attendre le dimanche matin pour pouvoir s'occuper du corps, car pour les Juifs, il est interdit de toucher un mort pendant le chabbat.

Exode 12.34 : « Le peuple emporta sa pâte avant qu'elle fut levée. Ils enveloppèrent les pétrins dans leurs vêtements et les mirent sur leurs épaules [...], ils firent des gâteaux cuits sans levain avec la pâte qu'ils avaient emportée d'Égypte. »

Les Hébreux ont dû partir précipitamment. Une occasion inouïe s'offrait à eux : partir et être libérée du joug de l'esclavage, mais partir sans tarder, sans réfléchir. Les Hébreux sont donc pressés ; tant pis pour la pâte qui n'a eu pas le temps de lever ! On l'emporte telle quelle et on fera des pains sans levain.

Vous arrive-t-il d'hésiter lorsque vous recevez un cadeau inattendu? Bien sûr, si vous n'acceptez de recevoir que lorsque vous le méritez, vous serez alors peut-être hésitant. Je vous propose d'observer l'attitude d'un enfant selon le conseil de Jésus. Un enfant, lorsque vous lui faites un cadeau le prend sans hésiter, puis manifeste généralement sa joie, accompagnée d'une franche excitation et d'une impatience à en profiter de suite. Il a vite fait de déballer le présent et de l'essayer. A-t-il réfléchi ? S'est il posé la question : y'a-t-il un truc louche ? L'a-t-il refusé ? Non, non et non.

---

[5] Shabath et le Strong n°07673 qui signifie jour chômé, sans aucun ouvrage. Il est différent de Sabbaton qui indique le 7e jour de la semaine. Quand Dieu ordonne, dans les passages d'Exode 12.1 et bien d'autres, d'observer un jour sans faire aucune œuvre servile c'est un jour shabath.

C'est ce que les Hébreux ont fait ! Le cadeau en question était quasi inespéré, puisque cela faisait un bon moment que Moïse réclamait la liberté de son peuple et que Pharaon avait toujours refusé. Ils ont reçu le cadeau de la liberté sans hésiter, tout joyeux de quitter l'enfer de l'esclavage. Ils n'ont pas dit : « Ah non, mais là, ça ne va pas. Notre pâte n'a pas encore eu le temps de lever et nous allons devoir manger des pains tout raplapla. Non, non, non ! Ce n'est pas envisageable ! »

Quand quelqu'un accepte le salut, il ne comprend pas tout, d'où le cheminement de la sanctification qui dure toute la vie. Mais il reçoit Le Cadeau parce qu'il croit. Ce qu'il retient, c'est que Dieu l'a tellement aimé qu'Il a donné Son Fils unique afin que lui, pauvre pécheur, puisse vivre sans jamais mourir. Il passe ainsi de la mort à la vie. Il comprend que le salut éternel lui est accordé en Jésus et, excité d'accéder à la vie éternelle, il L'accepte comme son Sauveur.

Dieu est venu parmi nous les terriens et Il a accepté d'être comme l'un des nôtres, un humain fragile. Pourtant, Il savait qu'Il serait rejeté, méprisé, haï, insulté, torturé et qu'il mourrait seul, abandonné. On ne saurait estimer la valeur de Son sacrifice ; même si notre échelle de valeurs était des plus élevées, elle demeurerait insignifiante comparée au sang parfait de Jésus. Il est un cadeau inestimable, que l'on prend ou que l'on ne prend pas. Le choix nous appartient. Mais accepter le Salut en Christ toute en conservant son vieux levain c'est d'ores et déjà désobéir au Maître. Or, Jean 3.36 nous déclare : « [...] que celui qui désobéit au Fils ne verra point la vie, mais la colère de Dieu demeure sur lui. »

La Fête des pains sans levain qui s'étend sur une durée de 7 jours a été instituée par Dieu en Exode 12.15 **avant même le départ d'Égypte.** Elle annonce que c'est à nous d'accepter la délivrance de l'esclavage et de nous laisser guider par Dieu. A mon sens, par cette fête qui est une sainte convocation, le Seigneur nous invite clairement de la sorte : « Si tu veux vraiment Me suivre, renonce au levain du monde ». Il est question ici de volonté et non de capacité à renoncer. Nous n'avons aucune capacité en nous-mêmes ; notre force est uniquement en Christ. Les prochaines fêtes vont démontrer combien nous avons constamment besoin de notre Dieu.

La Fête des prémices de la première gerbe

Les Hébreux avaient quitté l'Égypte en tant qu'esclaves et fabricants de briques pour arriver en Canaan et devenir agriculteurs et éleveurs de troupeaux. Avant même qu'ils ne parviennent à leur terre promise, Dieu les instruit sur ce qu'ils devront faire une fois arrivés. Comme ils ignorent tout des méthodes agricoles et des moments propices des récoltes, l'Éternel leur demande de prélever une première gerbe pour la Lui présenter en l'agitant d'un côté et de l'autre (Lévitique 23.9-11). Il en sera de même pour les récoltes de juin et de septembre.

Mais ce qui nous intéresse ici ce n'est pas l'aspect pédagogique ou pratique mais le sens spirituel qu'annonce cette fête des prémices.

Cette première gerbe présentée à Dieu est un symbole de la vie nouvelle. Maintenant sortis de l'esclavage après avoir suivi Dieu, ils entrent dans une vie nouvelle : la vie Zoé. Les Juifs devaient célébrer cette fête tous les ans pour se rappeler que, s'ils pouvaient aujourd'hui cultiver la terre, c'est parce qu'un jour Dieu est venu les chercher pour les délivrer de l'esclavage et leur ouvrir un chemin sur la terre promise, vers la vie Zoé. Cela préfigure ce que Jésus est venu accomplir pour nous au travers de Sa résurrection.

Il est venu à nous pour nous libérer de l'esclavage de la mort et du péché. Nous sommes maintenant morts à notre ancienne vie et avons été recréés en Lui. Nés de nouveau, nous haïssons le péché. Il est vrai que nous ferons encore des erreurs, mais quand le Saint-Esprit nous convaincra[6] de péché, de justice et de jugement à ce sujet, nous haïrons ces erreurs et nous pourrons ainsi cheminer main dans la main avec Jésus jusqu'au moment où nous serons présentés au Père sans tache ni ride.

Le mot prémices vient de l'hébreu *re'shiyth* qui signifie : premier, d'abord, commencement, meilleur, chef, principal, premier état, les prémices. C'est ce qui est le plus excellent et le plus précieux.

---

[6] Jean 16.8 : le Saint-Esprit convaincra le monde. Donc, s'Il convainc le monde qui ne L'a pas reçu, à combien plus forte raison devons-nous en tant que chrétiens, être sensibles à Son enseignement et aux convictions qu'Il pose sur nos cœurs puisqu'Il a fait de nos corps Sa demeure.

Re'shiyth tire sa racine de rosh qui signifie :

- tête, dessus, sommet, partie supérieure, chef, principal, premier, total, somme, hauteur, front, le devant, commencement,
- sommet, crête (de montagne),
- hauteur (des étoiles),
- chef, principal, tête de l'homme, d'une ville, nation, lieu, famille, sacrificateur,
- front, devant, commencement,
- de choix, meilleur,
- chef de division, compagnie, bande.

Quand nous prenons conscience de la signification du mot « prémices » dans son origine hébraïque, nous comprenons que Jésus incarne tous ces attributs en Lui-même. Amen !

- Il est le premier-né d'entre les morts ;
- Il était là d'abord avant toute chose ;
- Il est le commencement ;
- Il est notre meilleure part ;
- Il est notre chef ;
- Il est le principal, l'essentiel dans notre vie ;
- Il nous rend excellents ;
- Il est ce que nous avons de plus précieux ;
- Il est à la fois la somme de tout ce que nous désirons et Il est notre tout ;
- Son nom est au-dessus de tout ;
- Il est la tête ;
- Il est le chef protecteur de Son épouse ;
- Il nous édifie afin que nous atteignions Sa stature parfaite.

Et comme Il est l'accomplissement de cette Fête des prémices, Il devait Lui-même se présenter au Père le lendemain du shabbat hebdomadaire soit le matin même de Sa résurrection. C'est pour cela qu'Il a dit à Marie, « ne me touche pas » (Jean 20.17). Ainsi, Il exécute la Fête des prémices en Se présentant au Père un dimanche, tel que Dieu l'ordonne dans Lévitique 23.15. Jésus est « nos prémices » ; Il est le premier-né d'entre les morts et Il est vivant pour toujours. Et à tous ceux qui ont reçu Jésus, la Parole, la Vie, la Lumière du monde, Il a donné le pouvoir de devenir enfants de Dieu. En Lui, nous avons accès à une vie nouvelle en communion avec Dieu avec qui nous sommes réconciliés.

Étant donné que Jésus incarne nos prémices, quoi de plus normal que de vouloir Lui rendre le meilleur de nous-mêmes en retour ? Quoi de plus normal que de viser l'excellence pour la cause de Christ ? Amen. « Jésus, nous visons l'excellence pour Toi à cause de Ton amour pour nous. Tu nous élèves en Toi sur les hauteurs et nous permet d'atteindre Tes cibles. C'est uniquement par Tes forces que nous y parvenons ; notre capacité est en Toi et en Toi seul. »

La Fête de la Pentecôte

« Vous apporterez de vos demeures deux pains, pour qu'ils soient agités d'un côté et d'autre ; ils seront faits avec deux dixièmes de fleur de farine et cuits avec du **levain : ce sont les prémices de l'Éternel. »** (Lévitique 23.17)

Ici, le levain n'a rien à voir avec celui du départ d'Égypte qui symbolisait les souillures du monde. Si tel était le cas, Dieu ne dirait pas que ce sont les prémices de l'Éternel. C'est le même levain dont fait mention Jésus dans Matthieu 13.33 : « Le Royaume des cieux est semblable à du levain [...] »

Le levain en question représente ce que sera la vie dans sa dimension spirituelle, celle du Royaume. Nous savons que dès que nous sommes en mesure de confesser que Jésus-Christ est Seigneur, c'est l'œuvre du Saint-Esprit en nous (1 Corinthiens 12.3). Mais la Fête de la Pentecôte ne parle pas d'être seulement convaincu de péché, de jugement et de justice, elle parle d'être baptisé du Saint-Esprit.[7] C'est une dimension encore plus grande que la précédente. C'est celle qui permet d'accéder à la connaissance de la Parole (Actes 4.13) et aux signes extraordinaires dus

---

[7] Dans Jean 20.21, Jésus souffle sur Ses apôtres et leur dit : « recevez le Saint-Esprit ». Le Maître savait qu'ils auraient besoin du Saint-Esprit pour être convaincus que c'est bien Lui (Jésus) qui se tient devant eux. En effet dans Luc 24.36, les apôtres sont saisis d'épouvante en voyant Jésus. Puis, dans Marc 16.14, Il leur reproche leur incrédulité et leur dureté de cœur. Pourtant, c'est à ces mêmes apôtres qu'Il ordonne de ne pas quitter Jérusalem avant d'être baptisés du Saint-Esprit. C'est le baptême de feu (Actes 1.1-5) qui est accompagné de signes surnaturels.

aux différents dons du Saint-Esprit. Or, cette dimension n'est accessible qu'en recevant « le baptême de feu ». C'est pourquoi, nous avons besoin du Saint-Esprit pour bâtir le Royaume de Dieu. De l'état de champs à moissonner, nous devenons nous-mêmes ouvriers et moissonneurs du champ (1 Corinthiens 3.9). C'est pour cette raison que Jésus ordonne à Ses apôtres de ne rien faire avant d'être baptisés. Le mot grec paraggello signifie commander, ordonner, alors que certaines versions de la Bible qui traduisent ce terme par « recommander, conseiller », laissent penser que réclamer le Saint-Esprit est seulement une option. C'est faux ! Dans Actes 1.4-5, Jésus ordonne à Ses disciples de ne rien faire avant d'avoir reçu ce que le Père a promis : le baptême de feu du Saint-Esprit. La Pentecôte de l'Ancienne Alliance symbolise la Pentecôte de la Nouvelle Alliance : ainsi, les Hébreux ont quitté l'état d'esclaves et de fabricants de briques, pour devenir des ouvriers chargés de moissonner les champs. Il en est de même pour nous : la moisson est grande et nous devons nous lever, réclamer le baptême de feu pour devenir les ouvriers que Dieu cherche (Luc 10.2). Trop nombreux sont ceux d'entre les fils et filles de Dieu qui désirent demeurer des spectateurs statiques dans les assemblées. Or, nous sommes tous appelés à devenir des ouvriers actifs. Jésus a ordonné à Ses **disciples** de faire de toutes les nations des **disciples** et de les enseigner afin que du stade de nouveau-nés, ils deviennent à leur tour des adultes capables de travailler pour le Royaume. Le travail d'ouvriers n'est pas réservé à une caste élue, il est destiné à tous les enfants de Dieu.

Faisons ici une courte pause. Nous venons d'analyser les 4 premières fêtes instituées par Dieu. Les 4 ont toutes une symbolique particulière ; chacune annonce une facette du cheminement du pécheur repenti.

- **Pâques** : recevoir le salut (14e jour de Nissan au soir) ;
- **Les pains sans levain** : renoncer au levain du monde qui représente les mentalités, les attraits et les souillures de ce monde ; première convocation solennelle (15e jour de Nissan) ;
- **La Fête des prémices** : prendre conscience qu'en Jésus, nos prémices, le chemin menant au Trône de la grâce est ouvert. Par Lui, nous sommes désormais réconciliés à Dieu ; nous acceptons de croire en Lui et d'être Ses disciples. Nous prenons notre baptême d'eau (aucune précision sur la date) ;

- Deuxième convocation des pains sans levain : nous réitérons notre rejet des attraits et des souillures de ce monde (le 21e jour de Nissan) ;
- **Pentecôte** : notre nouvelle vie ne pourra s'épanouir et faire de nous des ouvriers que sous l'action puissante du Saint-Esprit qui nous enseignera et nous révèlera toute chose (50 jours après la Fête des prémices).

Puis Dieu laisse passer plusieurs mois avant de proclamer une autre fête.

La Fête des trompettes ou Roch Hachana, le 1er jour du 7e mois

Roch Hachana signifie « tête de l'année ». Le 1er jour du 7e mois marque le début de l'année selon Dieu, mais il n'est en aucun cas comparable à la Fête du Nouvel An laïc puisque Dieu n'est pas les coutumes du monde.

Roch Hachana porte aussi le nom de Fête des trompettes. Cet instrument est très présent dans la Bible, que ce soit dans l'Ancienne Alliance comme dans la Nouvelle. Nous savons que les trompettes joueront également un rôle très important dans les évènements de la fin des temps. En Nombres 10.1-10, Dieu fait de l'usage des trompettes une ordonnance perpétuelle.

Dans ces passages, on retrouve deux sortes de trompettes :

- Les trompettes d'argent battu ; et
- Le shofar (corne de bélier).

Les premières trompettes, fabriquées à la main, servent à rappeler à l'homme que Dieu veut faire partie intégrante de sa vie tant dans les moments de joie (où le son de la trompette est plus doux) que dans les moments de combat (où le son est éclatant). Elles sont faites de la main de l'homme pour lui rappeler que c'est à lui d'inviter Dieu dans sa vie à chaque instant, dans les bons comme dans les mauvais jours.

La deuxième trompette, le shofar, est une création de Dieu. Elle est là pour aider l'homme à prendre conscience de son état d'être humain si fragile, qu'il ne peut rien faire de lui-même et qu'il a désespérément besoin de son Créateur. Elle rappelle combien le sacrifice d'Isaac aurait été inutile pour Dieu, c'est pourquoi Il a pourvu Lui-même au sacrifice par un bélier. Ainsi, la corne de bélier ou le « shofar » est devenu l'instrument qui rassemble le peuple juif pour l'amener à s'examiner et à reconnaître que l'homme ne peut se sauver lui-même. Cette Fête des trompettes prépare une autre fête qui suit directement : la Fête du Grand Pardon ou Yom Kippour. Il était indispensable que l'homme prenne conscience **en amont** de son état misérable et de sa dépendance **totale** de Dieu.

La Fête des trompettes n'est pas qu'une simple fête du Nouvel An ; c'est un appel, un cri de Dieu à Son peuple : « Je t'aime, Je veux faire partie de ta vie, Je désire tellement te bénir, te protéger et t'attirer plus près de Moi. Souviens-toi de Moi ! »

La sonnerie du shofar à Rosh Hashana se divise en 3 sons distincts[8]:

- **La Tékiah** : un son long et uniforme ;
- **Les Chévarim** : trois sons de durée moyenne, qui ressemblent à des gémissements ;
- **La Térouah** : neuf sons courts, à succession rapide.

La Tékiah : c'est la convocation de Dieu, maître et créateur de l'univers, qui réitère à son peuple combien Il désire toujours cette relation particulière et unique avec lui.

Les Chévarim : c'est un souvenir nostalgique de ce que fut la relation entre le Créateur et ses créatures Adam et Eve avant leur chute, avant que le diable ne s'immisce entre eux. Epoque où l'homme et la femme étaient revêtus de la gloire de Dieu et qu'ils communiquaient avec Lui sans avoir besoin de se cacher. Gloire qu'ils ont perdue en s'inclinant devant le diable. Les Chévarim représentent aussi les soupirs et les gémissements de la création toute entière qui attend sa délivrance.

La Térouah : C'est le temps de la préparation. Il est temps aujourd'hui que chacun se prépare à recevoir l'expiation de ses péchés. Le temps est compté. C'est maintenant que nous devons nous consacrer à Dieu car le

[8] Site El Beth El https://el-bethel.fr/2018/08/31/shofar/

rendez-vous divin approche ; il annonce notre pleine réhabilitation en tant que fils et filles adoptifs du Père en Jésus destinés à la royauté.

Malheureusement, sous la loi, le chemin n'était pas encore ouvert, et les croyants juifs dépendaient de cette sainte convocation pour préparer leur âme à recevoir l'expiation des péchés.

Rappelons-nous que l'Ancienne Alliance est une ombre des biens à venir. Aujourd'hui sous la grâce, le Sang Précieux de Jésus nous a ouvert le chemin, et nous pouvons **à tout moment** nous approcher de Lui pour demander pardon.
C'est donc tous les jours que nous sommes appelés à faire une introspection, pour présenter à Dieu nos regrets pour toutes nos pensées erronées, nos paroles insensées et nos actes manqués.

> « Ils font voir que ce qui est prescrit par la loi est écrit dans leurs cœurs : leur conscience leur rend témoignage, et **leurs pensées les accusent ou les défendent**. » (Romains 2.15)

Dans ce passage, Paul parle des païens qui se remettent en question continuellement afin de pratiquer les ordonnances de Dieu ; il met ainsi en évidence l'hypocrisie des Juifs qui revendiquent leur attachement à la loi, sans vouloir s'y soumettre.

Combien d'entre nous, au fil des mois et des années, avons perdu notre zèle et oublié notre Premier Amour pour laisser le monde, avec ses attraits et sa mentalité, reprendre peu à peu le dessus ? Oh, le diable est rusé et sait nous inspirer des excuses sournoises, comme : « Ce n'est pas si grave, tout le monde le fait. Tout le monde parle ainsi, tout le monde pense comme cela… » **Seulement, en acceptant une telle attitude, nous oublions que nous ne sommes pas tout le monde** ! Nous sommes des fils et des filles du Dieu Très-Haut et nous sommes destinés à la royauté.

Nous qui sommes sous la Nouvelle Alliance, qui avons proclamé vouloir faire de nos corps l'habitation de Dieu, nous qui avons été lavés par le Sang de Jésus, qu'en est-il de nos âmes et de nos cœurs aujourd'hui ?
Attendons-nous le dimanche matin pour sonder notre cœur et nous présenter humblement devant notre Papa d'Amour ? Ou bien, et c'est ma

prière pour chacun d'entre nous, sommes-nous suffisamment sensibles à la peine du Saint-Esprit quand nous L'attristons pour immédiatement demander au Père: « Ta grâce, pardon de t'avoir offensé ; je suis désolé, tellement désolé. »

Chaque jour passé à faire fi de la peine que nous avons infligée au Saint-Esprit en refusant d'incliner notre volonté à la Sienne, est une journée gâchée, gaspillée, perdue.

Dans 1 Corinthiens 11.27-30, Paul déclare « C'est pourquoi, quiconque mangera de ce pain, ou boira de la coupe du Seigneur indignement sera coupable envers le corps et le sang du Seigneur [...]. Que chacun donc s'éprouve soi-même, et qu'ainsi il mange de ce pain et boive de cette coupe ; Car celui qui en mange et qui en boit indignement, mange et boit sa condamnation, ne discernant point le corps du Seigneur. C'est pour cela qu'il y a parmi vous beaucoup d'infirmes et de malades, et qu'un grand nombre sont morts. »

Or, Dieu veut que nous profitions de la Vie qu'Il nous a donnée sur la croix. Une Vie en perpétuelle communion avec Lui, à faire de l'Éternel nos délices (Psaume 37.4). Mmmmh ! Goûtez et voyez combien l'Éternel est bon. Qu'il est doux de demeurer sous Ses ailes.

Notre « Sainte Convocation » a eu lieu une fois pour toutes il y a 2000 ans, sur le bois du Calvaire. Tous ceux qui y ont répondu et qui ont reçu le Christ, sont devenus enfants de Dieu Lui remettant ainsi le contrôle de leurs vies. Le Saint-Esprit qui habite en nous veut nous conduire et nous instruire dans une sanctification sans cesse renouvelée de nos corps à tous les niveaux de notre vie, afin d'être transformés à l'image du Christ, de gloire en gloire (2 Corinthiens 3.18). Amen. Cessons donc de provoquer les larmes du Saint-Esprit car, s'il est vrai que les nôtres sont recueillies dans des outres, combien les Siennes sont encore plus précieuses !

La Fête des expiations ou Le Jour du Grand Pardon

Beaucoup de discussions et d'interprétations circulent sur les deux boucs de cette Fête des expiations ! Rappelez-vous qu'elle suit directement la Fête des trompettes et, de même que les 3 premières fêtes de l'année religieuse sont étroitement liées, les 3 dernières le sont tout autant.

Passons en revue ce que la Parole nous dit de **Jésus.**

D'une part, nous savons :

- Que Jésus s'est chargé de tous nos péchés (1 Pierre 2.24) ;
- Qu'Il a été crucifié sur le mont Golgotha situé au moins à 2000 coudées du temple car c'était la distance minimum entre le lieu saint et le lieu profane (Josué 3.4 ; Hébreux 13.12) ;
- Qu'Il a été séparé de Son Père. Son cri « Eloï Eloï lama sabachthani » le confirme, car s'étant chargé de tous nos péchés, le Père ne pouvait plus être en communion avec Lui. Jésus a été fait malédiction pour nous (Galates 3.13) ;
- Que Jésus est descendu dans le séjour des morts (Actes 2.31), qui se dit Hadès en grec. L'homme riche de la parabole du riche et du pauvre Lazare (Luc 16.19-31) se retrouve dans ce même lieu. Jésus est donc allé là où est le méchant riche.

D'autre part, nous savons :

- Que seul Son sacrifice a été pleinement agréable à Dieu: Ayant dit plus haut : « Tu n'as point voulu de victime, ni d'offrande, ni d'holocaustes, ni de sacrifices pour le péché (choses qui sont offertes selon la loi) et tu n'y as point pris plaisir » (Hébreux 10.8), Il ajoute ensuite : « Voici, je viens, ô Dieu, pour faire ta volonté. »
- Son sang parfait a remplacé celui des boucs (Hébreux 9.12).

Observons maintenant ce que la Parole dit **des deux boucs**.
Nous avons d'une part :

- Un bouc sur la tête duquel étaient chargés tous les péchés du peuple (Lévitique 16.21) ;
- Celui-ci était ensuite chassé très loin du lieu saint ;
- Il était considéré impur, car l'homme qui l'emmenait devait se purifier par la suite ;
- Il était conduit dans une terre désolée et désertique pour Azazel. Azazel correspond à un lieu élevé du mont Sinaï, mais

aussi à une falaise d'où le bouc était, semble-t-il, précipité. Azazel symboliserait alors le séjour des morts.

D'autre part, nous avons le bouc devant servir de sacrifice :

- « Puis **il égorgera le bouc du sacrifice pour le péché**, qui est pour le peuple, et il en portera le sang en dedans du voile. Il fera de son sang comme il a fait du sang du taureau, il en fera l'aspersion sur le propitiatoire et devant le propitiatoire. **Et il fera l'expiation pour le sanctuaire**, à cause des souillures des enfants d'Israël, et de leurs rébellions en tous leurs péchés. Il fera de même pour le tabernacle d'assignation qui demeure avec eux au milieu de leurs souillures. » (Lévitique 16.15-16)

Les deux boucs sont indissociables, car ils participent ensemble à l'expiation des péchés. Lévitique 16.10 : « Mais le bouc sur lequel le sort sera tombé pour Azazel, sera placé vivant devant l'Éternel, afin de faire sur lui l'expiation, et de l'envoyer au désert pour Azazel. » Dans ce contexte, il est clair que le bouc sacrifié et le bouc envoyé au désert représentent une seule et même personne : Jésus. C'est pour cette raison qu'il était impossible au grand sacrificateur de décider lequel des deux boucs il enverrait au désert, ce choix n'appartenait qu'à Dieu.

« Il prendra les deux boucs, et il les placera devant l'Éternel, à l'entrée de la tente d'assignation. Aaron **jettera le sort** sur les deux boucs, un sort pour l'Éternel et un sort pour Azazel. Aaron fera approcher le bouc sur lequel est tombé le sort pour l'Éternel, et il l'offrira en sacrifice d'expiation. Et le bouc sur lequel est tombé le sort pour Azazel sera placé vivant devant l'Éternel, afin qu'il serve à faire l'expiation et qu'il soit lâché dans le désert pour Azazel. » (Lévitique 16.7-10)

Tout comme Dieu a détourné Son regard du Fils qui s'était chargé de nos péchés et qui s'est fait malédiction pour nous, de même Il a détourné Ses regards du bouc qui était destiné pour Azazel.

Il y avait donc :

- Un bouc chargé de tous les péchés du peuple, qui devenait malédiction à la place de ce dernier et qui était livré à Azazel : c'est le bouc émissaire, chargé d'une mission ;

- Un autre, dont le sang était répandu pour payer la dette car, sans effusion de sang, il n'y a pas de pardon (Hébreux 9.22).

Jésus était le seul capable de présenter un sacrifice agréable et de bonne odeur au Père. Il a été déchiré en trois parties :

- Son corps fut brisé à l'extérieur de la porte de Jérusalem (Hébreux 13.11) ;
- Son sang (l'âme) fut répandu et ensuite présenté sur le propitiatoire céleste ;
- Son esprit est descendu en Hadès dans le but de : délivrer les captifs (1 Pierre 3.18-20), annoncer la victoire de la vie sur la mort, déclarer à la face de notre ennemi : « Je viens apporter la Bonne Nouvelle du salut aux esprits que tu retiens captifs, ce lieu aussi est désormais sous Mes pieds » En effet, par Son sacrifice volontaire à la croix, Jésus a reçu l'autorité sur tout ce qui est dans le Ciel, sur la terre et **sous** la terre (Philippiens 2. 9-10). Et c'est Lui qui en détient les clés. (Apocalypse 1.18)

Notez que le corps du bouc pour Azazel n'était plus visible car il disparaissait de la vue de l'homme, emmené loin dans le désert dans une terre désolée. De même, le corps du bouc sacrifié disparaissait puisqu'il était consumé par le feu et son corps n'était plus visible par l'homme (Lévitique 16.27). Pareillement, les Romains et les sacrificateurs ont cherché le corps de Jésus, mais ils ne purent Le retrouver car le Sauveur du monde était ressuscité et devenu invisible aux yeux des incrédules.

Pendant la Fête des expiations, Dieu ordonnait au peuple de s'humilier devant Lui (Lévitique 21.27-29). Celui qui refusait de s'humilier était retranché du peuple. On ne trompe pas Dieu !
Cette injonction à « courber l'échine » avant que le bouc ne soit offert en sacrifice est un symbole. Il permettait aux hommes de prendre conscience qu'en eux il n'y avait rien de bon, rien qui puisse être offert pour expier leurs fautes. Il fallait tuer un être vivant pour couvrir leurs péchés. Cette ombre des choses à venir confronte l'Homme à son incapacité à se sauver lui-même, et l'invite ainsi à reconnaître qu'il a à la fois besoin d'un bouc émissaire pour porter ses péchés et d'un autre bouc pour payer sa dette. Jésus a fait les deux : Il a ôté nos péchés, subissant ainsi toute la colère de Dieu qui nous était destinée, et Il a payé notre dette en rachetant notre âme

sur laquelle Satan avait des droits. Merci, Jésus d'amour : « Tu as dépouillé notre ennemi de tous ses droits. Amen ! Alléluia ! Puis, Tu nous as réconciliés avec Ton Père d'amour. »

Cette Fête des expiations est donc un rappel pour chaque enfant de Dieu tout le long de son cheminement, l'invitant à demeurer continuellement dans l'humilité, à se rappeler grâce à Qui il est racheté, et grâce à Qui il est vivant pour toujours !

Cette convocation est là aussi pour nous rappeler que Jésus nous a ouvert le chemin une fois pour toutes et que nous pouvons nous présenter autant de fois que nécessaires au trône de la grâce pour confesser nos fautes. En effet, en tant que vases d'argile humains, nous avons tant de choses à confesser chaque jour. La Parole nous promet que Dieu est fidèle et bon pour nous les pardonner et Jésus nous promet qu'Il est avec nous tous les jours.

Dans Ézéchiel 36.26-27, Dieu dira : « 26Je vous donnerai un cœur nouveau, et je mettrai en vous un esprit nouveau ; j'ôterai de votre corps le cœur de pierre, et je vous donnerai un cœur de chair. 27Je mettrai en vous mon Esprit, **et je ferai que vous marchiez dans mes statuts, et que vous gardiez mes ordonnances pour les pratiquer.** »

Nous ne sommes plus seuls, le Saint-Esprit veut travailler avec nous. Sachons humilier notre âme afin que notre esprit régénéré soit toujours vivifié par Lui.

La Fête des tabernacles

« Vous célébrerez ainsi cette fête à l'Éternel pendant sept jours dans l'année. C'est une **ordonnance perpétuelle** pour vos générations ; vous la célébrerez le septième mois. 42Vous demeurerez pendant sept jours sous des tentes ; tous ceux qui seront nés en Israël demeureront sous des tentes […] » (Lévitique 23.41).

Laissez-moi vous raconter un fait qui m'est arrivée il y a plus de 15 ans. Je faisais des achats dans un grand magasin qui regroupe plusieurs boutiques. Comme je le fais si souvent et que c'était déjà le cas à l'époque, je parlais à Dieu en marchant. Je Lui confiais mes pensées, et j'avais carrément une discussion avec Lui. J'étais donc là en grande discussion avec Dieu. Vu l'époque à laquelle je me réfère, je devais très certainement me plaindre de certaines circonstances de ma vie qui m'inquiétaient, et qui ne correspondaient pas à ce que je souhaitais. Et là ! Alors que je sortais de la boutique en en franchissant le seuil très large, mes yeux se fixèrent sur ce que j'appellerais une « anomalie temporelle » : tout mon entourage s'était figé. Les gens étaient suspendus dans leurs mouvements, comme s'il y avait un arrêt sur image. J'étais la seule bien éveillée, mais j'étais moi-même figée de stupeur. Seule ma tête allait de droite à gauche car j'étais curieuse de savoir si je n'hallucinais pas. Mais non ! Tout, absolument tout était bel et bien immobilisé. Les discussions avaient cessé, les bruits de pas avaient cessé. Plus rien ! Et j'étais là, effarée. Alors une voix me dit : « regarde tout autour de toi, observe bien. Tout ce que tu vois, n'est pas la vraie vie, tout ce que tu vois est comme un monde virtuel, un monde de mensonge… » Et là ! Tout est redevenu normal. Les gens se sont remis à parler, à marcher, à manger leur glace, à parler au téléphone…

Revenons à notre étude. La Fête des tabernacles était célébrée pour que le peuple se rappelle qu'à leur sortie d'Égypte (marquant la fin de leur esclavage), Dieu les avait fait demeurer sous des tentes (Lévitique 23.41-43).

Remontons maintenant aux deux fêtes plus haut, celle du 1er jour du 7e mois et celle qui suit le 10e jour.

- Le 1er jour de la Fête des trompettes, c'est la convocation solennelle de Dieu à Son peuple ;
- Le 10e jour, c'est la Fête des expiations où chacun doit s'humilier en vue de l'expiation de tous ses péchés.

Le peuple juif ignorait tout du chemin de la sanctification, de la course pour remporter la couronne, puisqu'il n'avait pas le Saint-Esprit. Mais nous qui sommes sous la Nouvelle Alliance, nous avons une espérance plus grande encore, et elle nous aide à demeurer fermes dans l'attente du glorieux retour de notre Roi. Amen ! Et quoi de mieux pour nous préparer, que de prendre conscience que nous sommes des étrangers sur cette terre tout comme l'étaient les Juifs dans le désert. Quoi de mieux, lorsque nous retombons dans nos travers charnels, de nous rappeler que nous ne sommes que de passage sur cette terre telle qu'elle est maintenant, et qu'un jour, nous reviendrons régner pendant mille ans avec notre Sauveur (Apocalypse 20.6), en attendant d'habiter la Jérusalem céleste et de régner éternellement à Ses côtés (Apocalypse 22.5).

La Fête des tabernacles nous révèle que notre héritage est au Ciel et que les aspirations d'ici-bas ne sont que fadeur et ennui. La réalité virtuelle que le monde veut nous imposer doit revêtir à nos yeux ce qu'elle est réellement : UN TAS DE MENSONGES. Notre joie est de faire celle de notre Père céleste.

Cela me rappelle une histoire : Il y a 3 ans, nous avions pu partir une semaine en vacances avec ma sœur qui avait dû louer 2 mobil-homes. Dans l'un d'eux, il lui restait 3 places dont il aurait été dommage de ne pas en profiter (Merci, *sister* !). Dans le fascicule de location, il était stipulé que c'était une résidence vacances standing 3 étoiles, etc. Tout le baratin promotionnel habituel. Bref ! Arrivés sur les lieux, quelles ne furent notre stupeur et déception ! Nous étions tout sauf emballées ! Les mobil-homes donnaient sur des terrains infestés de chats qui faisaient précisément leurs besoins sous les locations en PVC. Pas de clim ! Je vous laisse imaginer la scène en plein mois de juillet, sous une chaleur assommante grâce au célèbre soleil méditerranéen, dans un petit confinement en plastique. Nous étions donc dans l'obligation d'ouvrir toutes les fenêtres pour humer - mmmmh - la bonne odeur de crottes et de pipi de chats ! Fut un temps, je me serais vraiment énervée. Ce que je n'ai pas fait… Mais j'ai pensé : « Je vais acheter un ventilateur que j'installerai devant la porte du congélateur que je laisserai ouverte toute la journée ! Puis, je vais me faire ma propre clim, comme ça je n'aurai pas besoin d'ouvrir ces fenêtres ».
J'ai ensuite pensé « non ! Je ne vais pas faire ça ! Ce n'est pas chrétien. Enfin, un peu de tenue. Et comme disent certains enseignants : « Un chrétien, c'est gentil ! »

Je me suis donc ravisée en me disant que je n'étais là que pour une petite semaine. Cela valait-il la peine de se contrarier ou de remuer tout le complexe de vacances ?
Bien sûr que non ! Ainsi, j'ai essayé de profiter de mon séjour en rendant grâce à Dieu pour la vie qu'Il me donne. Puis, je me suis rendue compte qu'avec Lui à mes côtés, je peux être en vacances toute l'année. Quand je

dérape et que je sens que je suis en train de glisser sur un terrain dangereux, je me souviens que les attraits de ce monde ne sont qu'illusion et mensonge. Et ces 7 jours de vacances en terre étrangère où je n'étais que de passage m'aident énormément à me recentrer sur l'essentiel qu'est Jésus.

La Fête des tabernacles consiste à ne jamais oublier que Jésus nous a sauvés, qu'Il a expié nos péchés, qu'Il nous a sortis de l'esclavage de l'enfer. En attendant de vivre à Ses côtés dans la Jérusalem céleste, nos logements terrestres, ainsi que nos corps qui s'abîment, ne sont que de petites cabanes provisoires auxquelles nous ne devons ni ne voulons nous attacher.

Récapitulons ensemble les 7 fêtes de l'Éternel :

- **Pâques** : accepter le sang de l'Agneau pour que la mort passe-outre et perde son autorité sur nous ;
- **Les pains sans levain** : Renoncer au levain et à la vaine manière de penser du monde ;
- **La Fête des prémices** : prendre conscience que par Jésus, nos prémices sont présentées au Père et agréées par Lui et que nous pouvons nous aussi nous avancer devant le trône de la grâce. Nous sommes ainsi réconciliés à Dieu, notre Père ;
- **Pentecôte** : Notre nouvelle vie ne pourra s'épanouir telle une graine que sous l'action puissante du Saint-Esprit en nous, car c'est Lui qui nous conduira dans toute la vérité et qui nous révèlera toute chose ;
- **Rosh Hashana ou Fête des trompettes** : nous rappelle combien il est bon de dépendre totalement de Dieu ;
- **Les expiations :** ne jamais oublier tout ce que Jésus a enduré pour nous et qu'Il est notre avocat auprès du Père lorsque nous péchons encore ;
- **Les tabernacles** : nous sommes en terre étrangère, ce monde perd peu à peu son attrait. Plus nous cheminons, plus nous trouvons le monde fade.

Voici ma prière pour moi et pour tous ceux que j'aime, ainsi que pour vous qui me lisez : « Que chaque jour soit l'occasion de louer notre Papa céleste, notre Jésus d'Amour et notre tendre ami le Saint-Esprit. Que nous puissions nous réjouir toujours quelles que soient les circonstances afin de servir la cause de Christ ». Nous n'avons plus à attendre les 3 convocations annuelles pour nous livrer à la joie devant l'Éternel ; c'est tous les jours que nous Lui apportons notre dîme des fêtes.

Je ne prétends pas que cette louange soit automatique… Que jamais la contrariété ne viendra me brimer ou tracer un sillon sur mon front. Je dis seulement que lorsque les contrariétés viennent, je saurai faire une **pause.** Je me rappellerai que mon bon Papa d'amour a des plans merveilleux pour moi (Jérémie 29.11). Qu'Il fait concourir toutes choses à mon bien (Romains 8.28). Qu'Il me demande de voir les épreuves comme un sujet de joie (Jacques 1.2). Car, par elles, Il m'émonde et m'attire plus près de Lui. Je me rappellerai aussi que jamais Il ne m'éprouvera au-delà de mes forces (1 Corinthiens 10.13). Qu'Il est fidèle à Sa Parole et que tout ce qu'Il dit, Sa main l'accomplit (2 Chroniques 6.15).

La dîme des fêtes, c'est pratiquer le verset suivant : « La joie du Seigneur est [ma] force » ; ainsi, que mon âme puisse bénir l'Éternel **chaque jour** qu'Il fait. À tout moment, quelles que soient les circonstances, je peux me réjouir. Je peux faire le choix de me réveiller chaque matin avec ce verset de Habacuc 3.18 : « […] je veux me réjouir en l'Éternel, Je veux me réjouir dans le Dieu de mon salut. »

La dîme des fêtes, c'est aussi vivre Philippiens 4.4 au quotidien :
Soyons toujours joyeux d'appartenir au Seigneur. Je le répète : Soyons joyeux.

II -La dîme de la troisième année

« Lorsque tu auras achevé de lever toute la dîme de tes produits, la troisième année, l'année de la dîme, tu la donneras au Lévite, à l'étranger, à l'orphelin et à la veuve ; et ils mangeront et se rassasieront, dans tes portes. » (Deutéronome 26.12)

Comme je l'ai dit précédemment, la vie du peuple hébreu ne se déroulait pas sous une forme démocratique ou monarchique, mais **théocratique.** Toute l'administration du peuple se faisait selon les directives de Dieu et non celles d'un roi ou d'un élu. Dans Son plan d'amour, Dieu prête une attention toute particulière aux pauvres, aux veuves, aux orphelins et aux étrangers.

Outre la dîme de la troisième année qui était consacrée aux pauvres et aux Lévites, Dieu interdisait de moissonner les angles du champ, de retourner prendre la gerbe oubliée, mais aussi de leur laisser quelques grappes de raisins ou autres fruits lors des récoltes.

Rappelons-nous ce qu'a déclaré Jésus aux disciples lorsque l'un d'eux Lui demanda quel était le commandement le plus important. « Maître, quel est le plus grand commandement de la loi ? Jésus lui répondit : « Tu aimeras le Seigneur, ton Dieu, de tout ton cœur, de toute ton âme, et de toute ta pensée. C'est le premier et le plus grand commandement. Et voici le second, qui lui est semblable : Tu aimeras ton prochain comme toi-même **De ces deux commandements dépendent toute la loi et les prophètes. »** (Matthieu 22.36-40)

Quand tu mets Dieu en premier dans ta vie, quand Jésus est le centre de tes pensées, tu prends forcément plaisir à prendre soin de ton prochain qui est en état de faiblesse. Cette faiblesse peut être financière, émotionnelle, morale, physique, spirituelle. Ignorer les plus faibles de nos assemblées, c'est oublier que nous étions autrefois :

- étrangers au Royaume de Dieu ;
- orphelins car nous n'avions pas Dieu pour Père ;
- veuves car étant indignes et sous la condamnation, nous étions privés de notre Époux Céleste.

Délaisser les plus faibles, c'est omettre qu'avant d'appartenir à Dieu, nous avions besoin d'être nourris et instruits à Son sujet. Maintenant régénérés par Son Esprit, nous nous abreuvons à la source qu'est Jésus, la Parole vivante.
« Je vous ai écrit ces choses au sujet de ceux qui vous égarent. Mais l'onction que vous avez reçue de lui, demeure en vous ; et vous n'avez pas besoin que personne vous enseigne ; mais comme cette même onction vous enseigne toutes choses, et qu'elle est véritable, et qu'elle n'est point un mensonge, demeurez en lui, selon qu'elle vous a enseignés. » (1 Jean 2.27)

Cependant, cette dépendance de Dieu doit nous maintenir dans l'humilité et l'amour, puisque tout ce que nous avons, nous l'avons reçu de Lui.

Ainsi, nous ne pouvons pas proclamer que nous avons reçu l'amour de Dieu si notre cœur reste fermé à la détresse de notre prochain, qu'il se trouve près ou loin de nous.

« Or, celui qui aurait des biens de ce monde, et qui, voyant son frère dans le besoin, lui fermerait ses entrailles, comment l'amour de Dieu demeurerait-il en lui ? Mes petits enfants, n'aimons pas en paroles ni avec la langue, mais en action et en vérité. » (1 Jean 3.17-18)

Revenons au Lévite qui bénéficiait aussi de cette dîme. Il est intéressant de noter que Dieu, dans Sa Parole, l'associe à la veuve, à l'orphelin et à l'étranger dont la modeste position les maintenait dans l'humilité. Par conséquent, le Lévite, bien que choisi par Dieu pour effectuer le service, était appelé à rester humble, et non pas à s'élever au-dessus des autres.

Nous devons veiller sur nos paroles et nos actes afin d'aider les serviteurs de Dieu à demeurer dans cette humilité. La chair est déjà suffisamment faible et il ne faut pas grand-chose pour qu'un serviteur ou une servante tombe sous le joug de l'orgueil. Évitons donc de les encenser en les plaçant sur un piédestal qui ne leur est pas destiné. Jésus seul est digne d'être élevé.

Sous la Nouvelle Alliance, tous ceux qui reconnaissent Christ comme Sauveur et Seigneur et qui désirent ardemment Le suivre forment un Royaume de sacrificateurs. « Mais vous, vous êtes la race élue, la sacrificature royale, la nation sainte, le peuple acquis, pour annoncer les vertus de celui qui vous a appelés des ténèbres à sa merveilleuse lumière » (1 Pierre 2.9), exactement comme l'était l'ensemble des tribus d'Israël au moment de leur sortie d'Égypte **avant** le veau d'or (Exode 19.6).

La dîme de la troisième année est celle qui s'est multipliée sous la grâce.

Cela peut facilement se comprendre car elle soutient le nouveau commandement de Jésus en Jean 13.34 :

« Je vous donne un commandement nouveau : Aimez-vous les uns les autres ; comme je vous ai aimés, vous aussi, aimez-vous les uns les autres. »

L'amour consiste en des actes et non pas en paroles seulement. Venir en aide à son prochain quel que soit son besoin, financier ou autre, c'est mettre en pratique la loi de l'amour que Jésus nous a laissée.

Je conclus ici le chapitre 2 qui traite des dîmes sous la loi. J'y reviendrai plus tard selon l'éclairage de Néhémie et de Malachie.

Mais souvenez-vous qu'avant le veau d'or, c'est le peuple tout entier, les 12 tribus, qui était appelé à devenir un sacerdoce royal (Exode 19.5-6). La désobéissance et la révolte liées à l'incrédulité des enfants d'Israël ont poussé Dieu à « faire le ménage » dans Son peuple ; c'est une image de la parabole de l'ivraie et du bon grain. Malheureusement, parmi tout ce peuple qui avait commis un grand péché devant l'Éternel, une seule tribu s'est repentie, celle de Lévi (Exode 32.26). Il était impossible à ceux qui refusèrent de renoncer à l'idolâtrie et à l'impudicité de reconnaître en l'Éternel leur meilleur part. C'est pour cela que Dieu s'est consacré la tribu de Lévi car ils étaient les seuls à s'être montrés fidèles en se rangeant du côté de Moïse.

De même, sous la grâce, l'enfant de Dieu qui reconnaît sa meilleure part en Dieu, en Jésus son Sauveur, s'attache aux choses du Royaume. Et plus on tombe amoureux de Jésus, plus on se détache de l'attrait des choses du monde. Le Saint-Esprit nous aide dans ce processus et nous devenons alors ce Royaume de sacrificateurs que Dieu cherche pour Lui-même. C'est ainsi que nous Lui appartenons totalement, esprit, âme et corps avec **tous** nos biens. Qu'Il nous aide chaque jour à rechercher Sa présence pour connaître Sa volonté et accomplir Ses plans, au Nom de Jésus. Amen !

**« Car les yeux de l'Éternel parcourent toute la terre,
pour soutenir ceux dont le cœur est tout entier à Lui [ ]. »
2 Chroniques 16.9**

La dîme dans la Nouvelle Alliance

A - La dîme mentionnée par Jésus dans les évangiles

« Malheur à vous, pharisiens, qui payez la dîme de la menthe, de la **rue** et de toutes sortes d'herbes, tandis que vous négligez la justice et l'amour de Dieu. Ce sont là les choses qu'il fallait faire, sans néanmoins négliger les autres. » (Luc 11.42)

« Malheur à vous, scribes et pharisiens hypocrites, car vous payez la dîme de **la menthe, de l'aneth et du cumin**, et vous négligez les choses les plus importantes de la loi, la justice la miséricorde et la fidélité. Il fallait faire ces choses et ne pas omettre celles-là. » (Matthieu 23.23)

Rappelons ce qu'est la dîme de la terre. Ce sont les fruits de ta terre, c'est-à-dire ceux de ton cœur. Or, c'est de l'abondance du cœur que la bouche parle (Matthieu 12.34). On pourrait aussi dire par extension, que c'est de l'abondance du cœur que le corps agit. Car l'amour consiste en des actes et non en paroles, comme le dit l'épitre de 1 Jean 3.18. Ainsi, sous ta propre houlette ou ton autorité maintenant guidée par le Saint-Esprit, tu fais le choix de soumettre ton corps à la volonté du Père. C'est seulement alors que tu pourras **porter** des fruits dignes de la repentance, non grâce à toi, mais grâce à Christ en Qui tu es né de nouveau. **C'est donc Lui qui produit les fruits en toi**. Le premier homme étant né de la terre ne pouvait porter que des fruits de la terre, mais le Second est né de l'Esprit. De ce fait, tous ceux qui renaissent en Jésus portent des fruits selon **Sa** semence, à condition de soumettre leur cœur et leur corps à la Parole qui ne fait qu'**UN** avec le Père, selon qu'il est écrit : « Voici l'obéissance vaut mieux que les sacrifices [...] » (1 Samuel 15.22-23).

Quel est le point commun entre la dîme de l'aneth, de la menthe, du cumin et de la rue ? Ce sont des plantes qui poussaient aussi à l'état sauvage ; de partout on en trouvait et, certainement aussi, le long des chemins. Ce que Jésus reproche aux pharisiens et aux scribes, c'est de se vanter de pousser le zèle jusqu'à payer la dîme sur des choses insignifiantes, qui ne leur avaient rien coûté, et pour lesquelles ils n'avaient fourni aucun effort. Peut-être la ramassaient-ils en chemin pour l'apporter au temple et qu'ils se vantaient d'avoir rendu à Dieu la dîme des fruits de la terre. Ce que Jésus reproche à ces gens, c'est le zèle qu'ils déploient pour les choses qui ont le moins d'importance aux yeux de Dieu.

En revanche, ce qui revêt de l'importance pour Dieu, c'est de pratiquer la justice, l'amour, la miséricorde, la fidélité. Et oui ! Pour ces pharisiens, il était plus facile de déposer devant tout le monde, dans les vases du temple leur large contribution tirée de leur surplus ; mais ouvrir leur cœur au Seigneur… !

Bien sûr, les œuvres de bienfaisance sans la foi sont vaines, de même que la foi sans les œuvres de l'amour est morte. C'est pourquoi Jésus dit : « il fallait faire les deux ». Mais au moment précis où Jésus parle, la loi est encore le pédagogue du peuple, et comme Jésus n'est pas encore mort sur la croix, tout n'est pas encore accompli. L'observance de cette ordonnance liée à la tribu des Lévites demeure puisqu'elle n'a pas encore été abolie.

« Malheur à vous, scribes et pharisiens hypocrites, car vous ressemblez à des sépulcres blanchis, qui paraissent beaux par dehors, mais qui au-dedans sont pleins d'ossements de morts et de toute sorte de pourriture. » (Matthieu 23.27)

Dans ce passage, Jésus reproche aux pharisiens d'être des sépulcres cachés… Pour mieux comprendre ce qu'Il entend par Ses propos, remontons le court de l'histoire :

« Quiconque touchera, **dans les champs**, un homme tué par l'épée, ou un mort, ou des ossements humains, **<u>ou un sépulcre</u>, sera impur pendant sept jours**. » (Nombres 19.16)

Je n'ai pas trouvé de détails quant aux méthodes d'ensevelissement de l'époque, mais nous savons qu'il existait des tombeaux qui, en général, étaient l'apanage des riches. C'est pourquoi il est dit de Jésus que son tombeau fut parmi celui des riches (Esaïe 53.9) ; les autres dépouilles étaient mises directement en terre, par exemple dans les champs, comme ce fut le cas du fils de la veuve de Naïn en Luc 7.12.

Conformément aux prescriptions de Nombres 19.16, il ne fallait toucher ni mort, ni sépulcre, sans quoi la personne était considérée comme impure pendant 7 jours. Ainsi, pour éviter que les gens ne soient continuellement impurs, le peuple avait pour habitude de blanchir les sépulcres à la chaux. Cela leur donnait un bel aspect blanc, presque brillant au soleil, et les rendait parfaitement visibles. Ainsi, les gens pouvaient les éviter sans marcher dessus car, bien que d'un beau blanc brillant, ils restaient des sépulcres remplis d'ossements de morts et de chair putride.

Alors quel lien peut-il y avoir entre les pharisiens et les sépulcres blanchis ?

« Et ils firent la Pâque au premier mois, au quatorzième jour du mois, entre les deux soirs, au désert de Sinaï ; les enfants d'Israël firent selon tout ce que l'Éternel avait commandé à Moïse.
Or, il y eut des hommes qui, étant souillés pour un mort, ne pouvaient faire la Pâque ce jour-là ; et ils se présentèrent ce même jour devant Moïse et devant Aaron ; Et ces hommes lui dirent : Nous sommes souillés pour un mort ; pourquoi serions-nous privés d'offrir l'offrande de l'Éternel, au temps marqué, parmi les enfants d'Israël ? Et Moïse leur dit : Attendez, et j'écouterai ce que l'Éternel ordonnera pour vous. Et l'Éternel parla à Moïse, en disant : Parle aux enfants d'Israël, en disant : Quand quelqu'un d'entre vous, ou de votre postérité, sera souillé pour un mort, ou sera en voyage, au loin, il ne laissera pas de célébrer la Pâque à l'Éternel. Ils la feront le quatorzième jour du second mois, entre les deux soirs ; ils la mangeront avec du pain sans levain et des herbes amères. » (Nombres 9.6-11)

Présenter son offrande à l'Éternel au moment des saintes convocations était très important aux yeux du peuple. Le verset 7 démontre bien que les personnes se sentaient « privées » de ne pas pouvoir le faire, comme si elles étaient attristées de manquer un rendez-vous divin. Et combien cela est facile à comprendre ! Ils n'avaient pas comme nous le privilège d'un accès illimité au trône de la grâce ! Pensons-y un instant.

Les pharisiens véhiculaient la mort spirituelle car ils étaient attachés aux préceptes de la loi plutôt qu'à l'Amour de Dieu Lui-même. « La lettre tue mais l'esprit vivifie. » (2 Corinthiens 3.6). Jésus leur reproche d'être une occasion de chute pour les plus faibles puisque, dans leur ignorance, ces derniers admiraient les pharisiens pour leur zèle et leur connaissance de la loi. Ces spécialistes des Écritures n'avaient pas conscience de leur hypocrisie et de ses effets dévastateurs sur autrui. En effet, la religiosité prive tous ceux qui s'y livrent de la sainte présence de Dieu. Et c'est précisément dans ce sens que l'on peut comprendre le lien entre les sépulcres blanchis et les pharisiens : si toucher un mort ou un sépulcre rendait une personne impure et l'empêchait de présenter son offrande au temple, alors ceux qui prennent appui sur les « pharisiens », qu'ils soient Juifs ou chrétiens, en ne cherchant qu'à imiter leur zèle pour les œuvres mortes au détriment de la vraie pratique de la Parole fondée sur l'Amour, ne sont pas admis dans la délicieuse et sainte présence de Dieu.

Jésus reproche aussi aux docteurs de la loi de lier le fardeau pesant de la religiosité sur le dos des gens, de leur cacher la connaissance du cœur de Dieu et d'empêcher ceux qui s'y intéressent d'y accéder. En fait, Il leur dit, « vous auriez dû non seulement enseigner la loi de l'amour au peuple, mais aussi vous soucier de prendre soin des plus démunis au lieu de parader la tête haute, comme si vous étiez plus importants que les plus petits dans le Royaume. Vous avez préféré les premiers rangs des synagogues et les salutations distinguées sur les places publiques à ceux-ci. »

Sous la Nouvelle Alliance, les seuls deux protagonistes qui ont tenté d'exhiber leurs dons, ont été foudroyés ! Tout le monde connaît l'histoire d'Ananias et de Zaphira (Actes 5.1-11).

Ici, la dîme des pharisiens n'est pas agréée par Dieu. A Ses yeux, elle n'est qu'hypocrisie et sous-entend que le Seigneur est redevable envers l'homme, Sa créature. C'est pourquoi Jésus leur répète « malheur à vous » car ils ne sont pas sauvés et ils ne le savent pas. Leur comportement leur donne l'impression d'avoir accès au Royaume. Or, Dieu ne nous doit strictement rien ! Nous n'entrons que par une seule porte : Jésus. Elle est plus basse et étroite que le « Trou de l'aiguille. »[9] (Matthieu 19.24)

Notons que dans Luc 20.46-47, Jésus met en garde Ses disciples quant à l'hypocrisie des scribes lesquels sont associés aux docteurs de la loi et aux pharisiens. Dans plusieurs évangiles, le Maître adresse de sévères reproches aux spécialistes de la loi en leur faisant clairement comprendre qu'ils seront jugés avec plus de rigueur. En revanche, au verset suivant, Jésus contraste Son discours en soulignant la générosité de la veuve qui n'a pourtant mis que 2 petites pièces dans le tronc ; cependant elle l'a fait de tout son cœur.

Nous avons là une belle image de ce qui est agréé par Dieu sous la dispensation de la grâce.

B - La dîme dans Hébreux 7.4

Dans ce passage, l'auteur de l'épître aux Hébreux met en avant la suprématie et l'excellence du sacerdoce de Jésus qui n'a rien de comparable avec celui du souverain sacrificateur de la loi.

Dans la version Ostervald qui est l'une des plus fidèles au texte originel, les versets 2 et 4 insistent sur le fait qu'Abraham donna la dîme volontaire du butin de guerre. Dans les écrits originaux en grec, le terme employé est *didomi*[10] qui signifie entre autres, faire un présent. Notez qu'il s'agit donc bien d'un don intentionnel. Nous pourrions lire ce verset ainsi : C'est avec tout son cœur (libéralité) qu'Abram fit un présent de 10% du butin de guerre. Le mot dîme ici désigne un calcul mathématique et non une ordonnance. Précédemment, nous avons expliqué qu'Abram était déjà très riche en or, en argent, et en troupeaux, et pourtant, il ne donna pas la dîme de son labeur. Dans ce contexte, il n'est pas question d'ordonnance, de loi ou de prescription.

---

[9] Le Trou de l'aiguille était le nom d'une porte basse située dans les grandes portes de la muraille de Jérusalem. Quand les marchands arrivaient trop tard le soir et que les portes étaient fermées, le seul moyen d'entrer dans la ville sainte était de décharger les chameaux de leurs fardeaux et de les faire passer par le « Trou de l'aiguille » en leur faisant fléchir les pattes (à genoux).

[10] Se référer au verset Strong en hébreux/grec.

L'épitre aux Hébreux insiste sur l'inefficacité du service des prêtres où le sang des boucs ne faisait que couvrir les péchés tandis que l'excellence du sang de l'Agneau ôte les péchés.

La dîme évoquée dans ce livre ne fait que mettre en avant tout ce que nous avons déjà abordé au chapitre 2, soit « la dîme d'Abram ». Et les propos de l'auteur sont limpides : **« Il y a abolition d'une ordonnance antérieure, à cause de sa faiblesse et de son inutilité**. » (Hébreux 7.18) Le travail des Lévites et des sacrificateurs est ainsi aboli et n'existe plus et il en va de même pour la dîme qui les concernait.

Il est très important de comprendre que si nous donnons la dîme en nous appuyant sur les ordonnances de la Première Alliance parce que nous considérons que les pasteurs ont remplacé les sacrificateurs et que le « staff » des assemblées à remplacé les Lévites, notre offrande est alors un don obligatoire (légaliste) et non volontaire. Nous faisons vraiment fausse route ! D'abord, nous considérons le pasteur comme notre sacrificateur, ce qui est extrêmement grave car, en agissant ainsi, nous faisons de lui une idole. Puis, rappelons-nous que notre seul Grand Souverain Sacrificateur, c'est Jésus. La Bible est formelle à ce sujet : « Tu n'auras pas d'autre dieu devant ma face [...] » (Exode 20.3) ou encore « le **seul** médiateur entre Dieu et l'homme, c'est Jésus » (1 Timothée 2.5). Par conséquent, lorsque nous croyons que le pasteur de notre assemblée est comparable au grand souverain sacrificateur de la loi, nous offensons Dieu. Quand nous plaçons le serviteur de Dieu au-dessus des autres frères, nous en faisons aussi une idole. **Prenons garde à nous-mêmes** !

Lui, notre Dieu, a donné les uns comme apôtres, les autres comme évangélistes, prophètes, pasteurs et enseignants… Qui ça ? Dieu, Lui-même. Tout vient de Lui. Alors, pourquoi encenser les pasteurs ? Le cœur de l'homme est tortueux par-dessus tout, qui peut le connaître ? (Jérémie 17.9) Et de nombreux chrétiens sont tombés dans le piège de l'idolâtrie, ainsi que beaucoup de pasteurs attisés par l'orgueil, l'argent, les femmes, etc.

Nous devons tous être bienveillants les uns envers les autres, mais idolâtrer notre couple pastoral, c'est être malveillant à son égard puisque en agissant ainsi, nous devenons pour eux une occasion de chute. **Faisons donc très attention à qui nous élevons** !

Lorsque nous voulons donner à Dieu, nous devons d'une part, Lui demander comment donner, à qui donner et combien donner. Car, je le répète, notre Dieu est un Dieu d'équilibre. Rappelons-nous cette maman africaine qui affamait ses enfants pour obéir au pasteur. Ses enfants se sont détournés du salut et haïssent Dieu aujourd'hui à cause d'un pasteur trompeur et de l'obéissance aveugle de leur mère. Et Dieu nous dit dans Sa Parole, « mon Nom est constamment blasphémé parmi les nations à cause de vous. » (Romains 2.24) Dans cette épitre, Paul s'adresse à des chrétiens qui voulaient maintenir la loi.

Dieu nous honore en nous permettant d'œuvrer pour Son Royaume et quand nous L'aimons, nous voulons nous occuper des affaires de ce Royaume. Alors comment nous y prendre ?

Les dons et les offrandes

La parabole des talents

« Car il en est comme d'un homme qui, s'en allant en voyage, appela ses serviteurs et leur remit ses biens. Et à l'un il donna cinq talents, à l'autre deux, et à l'autre un ; à chacun selon ses forces ; et il partit aussitôt. Or, celui qui avait reçu cinq talents s'en alla et en trafiqua ; et il gagna cinq autres talents. De même, celui qui en avait reçu deux en gagna aussi deux autres. Mais celui qui n'en avait reçu qu'un s'en alla et creusa dans la terre, et y cacha l'argent de son maître. Longtemps après, le maître de ces serviteurs revint, et il leur fit rendre compte. Alors celui qui avait reçu cinq talents, vint et présenta cinq autres talents, et dit : Seigneur, tu m'as remis cinq talents ; en voici cinq autres que j'ai gagnés de plus. Et son maître lui dit : Cela est bien, bon et fidèle serviteur ; tu as été fidèle en peu de chose, je t'établirai sur beaucoup ; entre dans la joie de ton seigneur. Et celui qui avait reçu deux talents, vint et dit : Seigneur, tu m'as remis deux talents ; en voici deux autres que j'ai gagnés de plus. Et son maître lui dit : Cela est bien, bon et fidèle serviteur ; tu as été fidèle en peu de chose, je t'établirai sur beaucoup ; entre dans la joie de ton seigneur. Mais celui qui n'avait reçu qu'un talent, vint et dit : Seigneur, je savais que tu es un homme dur, qui moissonnes où tu n'as pas semé, et qui recueilles où tu n'as pas répandu ; C'est pourquoi, te craignant, je suis allé et j'ai caché ton talent dans la terre ; voici, tu as ce qui est à toi. Et son maître lui répondit : Méchant et paresseux serviteur, tu savais que je moissonne où je n'ai pas semé, et que je recueille où je n'ai pas répandu ; Il te fallait donc donner mon argent aux banquiers, et à mon retour j'aurais retiré ce qui est à moi avec l'intérêt. Otez-lui donc le talent et donnez-le à celui qui a les dix talents. Car à celui qui a, on donnera, et il aura encore davantage ; mais à celui qui n'a pas, on ôtera même ce qu'il a. Jetez donc le serviteur inutile dans les ténèbres de dehors ; là seront les pleurs et les grincements de dents. » (Matthieu 25.14-30)

Cette parabole peut sembler dure mais il n'en est rien. Attardons-nous sur certains mots qui peuvent passer inaperçus. Verset 15, Dieu donna à chacun selon **sa capacité**, chacun selon **sa force.** Tout comme Dieu nous donne en fonction de nos forces, de même Il ne nous demandera pas davantage. La preuve, c'est que celui qui avait reçu 2 talents n'en a rapporté que 2 autres ; or, il reçut la même récompense que celui qui en avait rapportés 5. Dieu n'a pas exigé que celui qui avait reçu 2 talents en rende 5. Ce qu'Il reproche à celui qui n'a rien produit, c'est de ne pas Lui avoir fait confiance pour cet unique talent qu'il avait reçu. Il a préféré voir la partie vide du verre à moitié plein et murmurer sur son pauvre sort. Peut-être pensait-il : « Ce n'est pas juste ! Les autres ont reçu plus que moi, comment vais-je faire ? Et si je perdais le peu que j'ai reçu ? C'est sûr qu'avec un seul talent, je ne vais pas aller bien loin, je ne vois vraiment pas ce que je peux faire avec si peu… »

Le verset 29 pourrait se lire ainsi : « Car on donnera à celui qui a (**la foi** qui conduit à **l'obéissance**) et il sera dans l'abondance, mais à celui qui n'a pas (**la foi** qui conduit à **l'obéissance**), on ôtera même ce qu'il a. »

Murmurer par rapport aux circonstances éprouvantes de sa vie conduit le chrétien à se centrer uniquement sur lui-même et à se détourner de Dieu. Dans de tels moments, que nous sommes tous appelés à traverser, proclamons plutôt des versets qui parlent de la fidélité de Dieu à notre égard et crions : « Viens au secours de ma foi » !

Le problème de ce dernier ouvrier, c'est qu'il n'a pas su être fidèle dans les petites choses. Autrement dit, nous avons tous quelque chose à donner au Royaume, quelque chose à laquelle Dieu a déjà pourvu. Je répète cette dernière phrase si importante : Dieu a déjà pourvu au nécessaire des œuvres préparées d'avance qu'Il nous demande d'accomplir pour Son Royaume. A nous de rechercher Sa face pour connaître ce qu'Il attend de nous. Si nous sommes fidèles dans ces petites choses, Il nous en confiera de plus grandes. Être fidèle, c'est avoir la foi, c'est croire en Sa bonté. Et quand nous croyons, alors nous mettons notre foi en action.

Pour illustrer ce que je dis, imaginez ceci :

Vous souhaitez faire une très grande fête. Vous voulez réunir vraiment beaucoup de personnes. Vous serez certainement près d'une cinquantaine. Oh là là ! Que de travail en vue, cela semble impossible.

Vous, vous avez la maison, donc le lieu où faire la fête. Mais il se trouve que vous êtes nul en cuisine.
Les tatas se proposent de faire toutes les tartes salées, les mamies feront les gâteaux, certains amis s'occuperont des salades et des grillades et d'autres, moins doués en cuisine, apporteront les boissons et les bonbons ;
Certains adolescents assureront les activités des enfants ;
D'autres encore, fans de chants pour Jésus, apporteront leur guitare et leur voix pour louer le Seigneur ;
Plusieurs autres, qui n'ont le temps de rien faire tant ils travaillent (que j'appelle les « fabriques à billets »), sont bien conscients que la fête entraînera des frais importants et sont prêts à donner de leur argent ;
Les belles-sœurs et les beaux-frères dormiront sur place pour aider à tout remettre en ordre le lendemain.

Voilà comment d'une simple idée, la perspective d'une belle fête peut prendre forme et se concrétiser ; c'est l'occasion de se réjouir autour d'une agape ponctuée d'échanges sur la Parole, de louanges et de témoignages édifiants, chacun mettant ses dons à la disposition du groupe. Mais si tous ces intervenants se disaient : « Oh non ! Je ne vois pas ce que je pourrais faire pour une si grande fête. Non, mieux vaut ne pas y aller pour éviter de m'encombrer d'un fardeau. » En adoptant une telle attitude, ils se priveraient alors d'un bon moment entre amis. Quel dommage de penser ainsi, sachant que le joug de Jésus est doux et léger ; si seulement on acceptait de partager la tâche avec son prochain.

Tout comme Dieu nous appelle à Lui présenter la dîme de nos corps, de nos cœurs et de nos vies, et de la placer sous l'autorité de notre esprit régénéré qui est soumis à la houlette du Saint-Esprit, de même nous apportons au temple vivant qu'est l'Église universelle nos dons et nos offrandes de par les talents que Dieu nous a donnés.

A - Comment donner ?

Nous avons tous quelque chose à apporter au service du Royaume. Je veux m'attarder ici sur le côté pratique humain.

Ne nous voilons pas la face. Quand nous avons le privilège d'avoir dans notre assemblée de vrais anciens qui ont à cœur la cause du Royaume de Dieu, nous sommes heureux de pouvoir y inviter une personne que nous avons évangélisée. Nous avons confiance qu'elle sera nourrie et édifiée selon les préceptes du Seigneur. Mais nous sommes aussi contents de pouvoir l'emmener dans des locaux qui sont propres et accueillants.

Nous ne pouvons pas ignorer que de telles installations impliquent des frais et du travail. Nous allons donc devoir prier et chercher la volonté de Dieu pour savoir comment Il a décidé de nous utiliser.

Si vous n'avez pas de gros revenus, vous pouvez apportez votre pierre à l'édifice en proposant différentes sortes de services comme l'accueil, le ménage, les courses, le secrétariat, l'hébergement des intervenants de passage, etc. Priez et Dieu vous montrera. Mais soyez sûrs que vous aurez votre part à faire.

Je n'aborde pas les services relatifs à la louange ou à l'enseignement des enfants car ils doivent, à mon sens, faire l'objet d'un appel appuyé par une conviction posée par le Saint-Esprit. On ne peut être conducteur de louange, sans avoir un vrai cœur d'adorateur. Si c'est le cas, croyez-moi, vous le saurez et votre entourage aussi… De même, on ne peut enseigner les enfants, quel que soit leur âge, si on n'a pas à cœur de transmettre une connaissance juste et adaptée de Jésus la Parole. Par exemple, les plus petits seront enseignés de manière ludique, les juniors de manière attrayante et les ados, par une approche interactive. Là encore, si ce n'est pas votre appel, vous ne tarderez pas à le savoir.

Maintenant je voudrais m'adresser à ceux que j'appelle « les fabriques à billets ». Que votre revenu très élevé soit le fruit d'une très bonne place ou encore d'une capacité à développer une activité florissante, sachez qu'il s'agit bien d'un talent.

Certains diront, « oui mais, ma petite ! J'ai peut-être une bonne place bien payée, mais j'ai fait 7 ans d'études pour y parvenir ! »

Et alors, qui vous a donné une telle capacité intellectuelle ? Et votre boulot si bien payé ? Savez-vous combien de personnes pointent au chômage avec Bac plus 5, 6 ou 7 ? J'en sais quelque chose puisque j'ai travaillé à l'agence pour l'emploi et, croyez-moi, ces chômeurs sont nombreux !

Encore une fois, tout ce que nous avons, nous l'avons reçu, donc faisons attention de ne pas nous en accaparer ou nous enorgueillir à ce sujet.

Quand Dieu nous bénit en nous dotant d'une intelligence supérieure à la moyenne et que nous en retirons un avantage, prenons garde de ne pas conserver pour nous-mêmes ce que nous avons reçu.

Je ne vais pas m'attarder ici sur ceux qui ont reçu des talents et qui ont choisi d'être paresseux ou de passer à coté de leur appel. Dieu s'occupe de chacun de nous, y compris de ceux qui ont manqué la cible volontairement ou qui ont préféré se baser sur leurs convictions. Attention aux convictions ; tout comme l'esprit des prophètes doit être soumis aux prophètes (1 Corinthiens 14.32), de même nos certitudes doivent s'aligner sur la Parole, sans quoi elles ne seront que des convictions charnelles qui desservent le Royaume ; et celui qui n'assemble pas pour Jésus est contre Jésus. Chacun rendra compte de ses choix et de ses actes induits par la chair.

Dans les épitres, nous voyons les différentes pratiques de l'église primitive qui est reconnue pour être la plus puissante dans l'histoire chrétienne ; il s'agit là d'un aperçu de ce que faisaient les hommes et les femmes.

Il y a ceux qui servaient, ceux qui recevaient les missionnaires, ceux qui partaient pour annoncer la Parole, ceux qui ouvraient leur maison pour permettre aux chrétiens de se réunir, etc.

Les diacres étaient nommés lorsque les tâches pratiques se développaient tellement qu'elles commençaient à nuire à l'enseignement de la Parole et à la prière. Dans Actes 6, par exemple, les apôtres convoquèrent **la multitude** pour qu'elle choisisse parmi les frères ceux qui rendaient un bon témoignage. Ainsi, les élus purent s'occuper de redistribuer aux veuves les dons qui avaient été déposés aux pieds des apôtres.

Les diacres étaient donc choisis **par la multitude**. De nos jours, dans certaines assemblées, c'est le pasteur qui **nomme** son conseil spirituel ou administratif qu'il présente au reste des fidèles à l'occasion de l'Assemblée Générale. Cette façon de faire peut sembler fidèle aux Écritures, mais elle ne l'est pas.

Notre but doit toujours être le même : prendre soin les uns des autres. Pour ce faire, il est important de s'entourer des bonnes personnes. Et comme l'on reconnaît l'arbre à ses fruits, la multitude dont il est question ici a désigné des frères en fonction de leur témoignage, comportement et réputation. Ces derniers ont servi la communauté en toute simplicité et sincérité, sans arrière-pensée, sans rien attendre en retour.

Rappelez-vous ce qui s'est passé dans les Écritures lorsqu'un couple a agi sans conviction, ni sincérité. Bien qu'il se soit montré très généreux, il n'en demeurait pas moins que le couple avait menti ; et c'est la mort qui s'ensuivit. En effet, Ananias et Zaphira auraient pu garder la totalité de leurs biens puisque personne ne leur avait rien réclamé, mais leurs intentions n'étaient pas bonnes : ils cherchaient à faire bonne figure et non à honorer le Seigneur.

Combien de chrétiens partisans de la dîme « dédouanante » et dotés d'un bon salaire apportent fièrement leur chèque avec le sentiment du « devoir accompli », tout en négligeant de subvenir aux besoins de leurs frères et sœurs dans leur assemblée ?
Si, de tout votre cœur, vous désirez donner 10% de votre salaire, amen ! Mais de grâce, faites-le à la manière de Dieu, en veillant à ce qu'il soit redistribué à votre frère ou sœur qui en a besoin car **ils** sont, comme vous, membres du temple vivant. Rappelez-vous que tout ce que nous faisons au plus petit dans le Royaume, c'est comme si nous le faisions à Jésus.

Dans la Nouvelle Alliance, il est question de nouveaux convertis qui, ayant des champs et des maisons, vendaient leurs biens et apportaient l'argent récolté aux pieds des disciples pour qu'il soit distribué aux nécessiteux.

- D'une part, il y avait ceux qui avaient beaucoup reçu, au point d'avoir plusieurs champs et plusieurs maisons ; puis,
- D'autre part il y avait les nécessiteux.

Les assemblées de l'église naissante étaient composées comme nos assemblées aujourd'hui. Il y avait des personnes très riches, d'autres très pauvres et des classes moyennes. Mais **ceux** qui avaient beaucoup reçu partageaient leurs biens avec ceux qui n'avaient rien.

Pourquoi cela nous choque-t-il alors d'envisager que certains apportent une participation active au Royaume de Dieu qui ne soit pas forcément financière, et que d'autres apportent une participation financière qui ne soit pas forcément manuelle ?

Je fais un aparté ici pour bien préciser ce qui est écrit dans Actes 4.34 : « tous ceux qui possédaient des champs et des maisons les vendaient [...] » Il n'est pas écrit « tous ceux qui avait **une** maison ou **un** champ ». Ce passage laisse penser que certains avaient plusieurs demeures alors que d'autres n'avaient rien. On comprend que les chrétiens conservaient leur maison puisque, à plusieurs reprises dans les épitres, des salutations sont adressées aux églises de maison.

Encore une fois, Dieu est un Dieu d'équilibre. C'est pour cela que Paul écrit : « il ne s'agit pas de vous mettre dans le besoin pour que nous soyons dans le superflu » (2 Corinthiens 8.13).

Il en est de même du verset « Que celui que l'on instruit dans la Parole, fasse part de tous ses biens à celui qui l'instruit » (Galates 6.6). Il n'est pas écrit de « donner » tous ses biens...

Il est question ici de partager ses bénédictions, de soutenir ceux qui nous permettent de nous ancrer dans la Parole en Christ. Veillons donc à bénir de tels enseignants et non les « diseuses de bonne aventure » qui prennent la Parole de Dieu pour un pot de crème et vous la passent tous les dimanches, dans le sens du poil. Tous ces faux enseignements dilués auront de graves conséquences pour ceux qui les dispensent. « Car il viendra un temps où les hommes ne souffriront point la saine doctrine, mais où, désireux d'entendre des choses agréables, ils s'amasseront des docteurs selon leurs convoitises [...] » (2 Timothée 4.3). Veillons à ce que l'argent du Seigneur serve Sa cause en prenant soin des plus démunis.

Nous constatons, une fois de plus, que toute l'économie de la Nouvelle Alliance est basée sur le fait de « prendre soin les uns des autres ». Dans Matthieu 20.26-28, Jésus nous guide dans ce changement radical qui viendra tout simplement bouleverser l'Ancienne Alliance. En effet, sous la loi, seul le corps lévitique servait dans le temple.

Maintenant, dans le nouveau temple qu'est le corps de Christ, tous les chrétiens, sans exception, sont appelés à servir à édifier leur prochain. De même que notre Maître est venu servir, nous aussi en tant que parties intégrantes de Son corps, sommes appelés à servir.

Le mot *diakoneo* qui signifie serviteur, servir, est le même terme qui est employé dans Actes 6 pour désigner les personnes élues pour servir aux tables. Dans 1 Corinthiens 3.5, Paul lui-même s'attribue ce titre. En bref, sous l'économie de Dieu, que nous soyons affectés à l'enseignement ou au service des tables, nous sommes tous égaux, tous *diakoneo*. Il n'y a pas de « oint » supérieur qui mérite d'être gratifié plus qu'un autre.

Paul est très clair lorsqu'il dit : « Qu'est-ce donc Apollos, et qu'est-ce que Paul ? Des serviteurs... Mais Dieu fait croître [...] et nous sommes ouvriers de Dieu et vous êtes le champ. » (1 Corinthiens 3.7-9)

Le mot ministère en grec est *diakonia*, qui signifie service. De nouveau, je précise que le but de nous tous est le même : servir et prendre soin les uns des autres. Servir au ménage dans une assemblée demande autant de consécration que d'enseigner la Parole, s'occuper des petits ou des ados, être à la louange ou dans l'événementiel. Alors pourquoi rechercher tant l'accès à l'estrade ? Pour être vu ou reconnu à tout prix ? A l'instar de Jean-Baptiste, cherchons à ce que notre Maître croisse et que nous diminuions.

L'équipe d'**anciens** est là pour équiper le champ à devenir des ouvriers et pour éviter qu'un seul homme dirige et contrôle tout.

Attention à ne pas encourager le pasteur de votre assemblée à quitter son travail séculier, surtout s'il est seul à diriger. Un tel emploi en dehors des murs de l'assemblée est une bénédiction de Dieu et, s'il l'abandonne, il risque de devenir avec sa famille une charge financière trop lourde pour l'assemblée. Evitons donc de mettre en danger et le pasteur et l'assemblée ! Au contraire, nous devons aider le serviteur de Dieu en cherchant quel est notre appel et l'encourager à nous équiper par la prière, l'imposition des mains et l'enseignement, afin que nous puissions le seconder dans une fonction qui nous corresponde.

D'après les Écritures, le seul ministère auquel les saints doivent pourvoir est la mission qui consiste à tout quitter pour l'évangélisation, sans rien emporter avec lui. Jésus nous explique dans Matthieu 10 et Luc 9 comment pourvoir à ce ministère et le passage de 1 Corinthiens 9.14 confirme : **« Que ceux qui annoncent l'évangile, vivent de l'évangile »**. Dans ce verset, le verbe annoncer signifie en grec promulguer et publier.

Dans les évangiles, il n'a jamais été question que les assemblées pourvoient à l'intégralité des besoins des serviteurs sédentaires parmi les saints.

Quels sont les risques encourus par un pasteur rémunéré par son assemblée ?

- Qu'il ne soit plus confronté aux difficultés du monde du travail et qu'il perde ainsi sa capacité à aider son prochain qui y rencontre de gros défis ;
- Qu'il devienne tributaire des offrandes des saints et qu'il ait pour seul objectif de faire croître le nombre, mais plus pour les bonnes raisons ;
- Que par crainte de voir le nombre des fidèles diminuer, il se mette à diluer ses prédications pour ne pas voir fuir « ses ouailles » alors que ces âmes appartiennent à Dieu ;
- Les saints risquent de s'affaiblir dans leur marche en raison du manque de nourriture solide dispensée par le pasteur. En effet, une nourriture diluée peut les amener à perdre de leur autorité notamment sur leur propre chair et à emprunter des chemins dangereux, tout en sollicitant toujours plus l'assistance du pasteur. On finira par entendre des phrases du genre « après

tout, il est bien payé pour cela ; il n'a qu'à faire son boulot ! » Du coup, le pasteur finira par s'épuiser sous une quantité de travail trop lourde ;
- Qu'il tente de se faire aider en cherchant un autre pasteur ou couple pastoral pour le seconder à l'entraide, à la jeunesse ou à la louange, etc., sachant qu'il faudra aussi le rémunérer ; mais les caisses de l'assemblée pourraient alors devenir déficitaires…

Pourtant, Jésus est formel lorsqu'Il déclare : « Le mercenaire s'enfuit, parce qu'il est mercenaire, et qu'il ne se soucie point des brebis. » (Jean 10.12). Nous avons déjà expliqué qu'un mercenaire est un salarié ; il s'agit donc d'un berger (pasteur) devenu salarié de son assemblée dont les motivations sont susceptibles de s'altérer par l'appât du gain ou simplement pour régler ses factures en fin de mois.

Or, il serait si simple de chercher à suivre les directives données dans la Parole.

Comment faisaient les pasteurs lors des premiers réveils il y a quelques dizaines ou centaines d'années en arrière ? À l'époque où le temps de travail hebdomadaire d'un homme était de 60 heures en moyenne ? Pourtant l'Évangile était bel et bien annoncé.

Aujourd'hui, bien que la durée du travail soit réduite à 35 heures par semaine, combien estiment ne pas avoir suffisamment de temps à consacrer à leur appel « au ministère pastoral » ?

On ne peut pas mettre la charrue devant les bœufs : que chacun entre dans son appel, et Dieu qui est fidèle à Sa Parole, donnera les uns comme apôtres, les autres comme évangélistes, prophètes, pasteurs et enseignants. Ainsi, la charge de l'assemblée ne reposera pas que sur une seule personne puisque chacun aura à cœur de se mettre au service du Corps par amour pour leur Sauveur.

B - Combien donner ?

Rappelons-nous la pauvre veuve ! Jésus l'a honorée en faisant mention de son don et aujourd'hui, tout le monde parle encore d'elle. On ne fait pas l'éloge des pharisiens qui mettaient de grosses sommes et dont Jésus a dénoncé l'hypocrisie.

Avait-elle de quoi payer une dîme ? Non ! Avait-elle de quoi faire de grosses offrandes ? Non ! A-t-elle culpabilisé pour autant ? Je ne pense pas, sinon elle aurait cherché à faire son geste à l'abri des regards et non devant tous ceux qui semblaient donner avec largesse. Elle n'avait pas le droit de servir dans le temple, mais tout ce qu'elle a pu faire, elle l'a fait. Elle a donné de son **nécessaire**.

Tout ce que tu peux donner, donne-le, dans une bonne attitude de cœur. Et si tu traverses une période financière difficile, ne te culpabilise pas. Prendre soin des siens est une priorité biblique : « Celui qui n'a pas soin des siens est **pire** qu'un infidèle, il a renié sa foi » (1 Timothée 5.8).

« Si quelque fidèle, homme ou femme, a des veuves, qu'il les assiste, et que l'Église n'en soit point chargée, afin qu'elle ait de quoi entretenir celles qui sont véritablement veuves. » (1 Timothée 5.16) On ne parle que des veuves ici car elles étaient forcément pauvres puisqu'elles n'avaient plus de mari. Mais c'est aussi valable pour une mère célibataire abandonnée par son mari.

Quelle que soit notre situation, si nous devons affamer nos enfants, ou bien vivre à crédit pour payer notre dîme, il faut savoir que cela n'est nullement la volonté de Dieu.

Rappelons que dans les Écritures, l'argent issu de la vente des propriétés des riches servait à pourvoir aux besoins des vrais pauvres.

Je ne vais pas m'étaler sur les assemblées qui n'ont pas de fond d'aide pour les pauvres, mais qui se réunissent pour définir le budget des travaux de rénovation et pour choisir la nouvelle couleur des murs. Veillons à ce que l'argent du Seigneur soit employé pour Sa cause à Lui… Chaque assemblée devrait prévoir un fond de solidarité pour les plus démunis qu'elle accueille car, en l'occurrence, cela est clairement stipulé dans la Nouvelle Alliance. Dans Actes 6, cette charge avait pris une telle importance que les apôtres ont dû la confier à des diacres. Et que réplique Jésus lorsque les disciples lui disent que la foule est affamée ? « Donnez-leur vous-mêmes à manger. »

Combien de fois entendons-nous nos pasteurs annoncer : « prions pour que tel ou tel frère dans le besoin soit 'béni par Dieu' » ! Puis, le dimanche d'après, faire un appel pour des travaux.

Si nous faisons partie de ceux qui gagnent bien notre vie et que malgré tout, il ne nous reste presque rien en fin de mois, prenons garde ! C'est que nous gérons mal notre budget. Nous vivons dans une société de consommation où « se créer des besoins » fait partie intégrante de nos mentalités. Or, le diable s'acharne à susciter des nouveaux besoins en continu, et si nous oublions que l'argent que nous avons entre les mains n'est pas le nôtre mais celui du Seigneur, nous aurons tendance à fermer notre cœur à notre prochain. Un tel comportement est associé aux œuvres iniques et c'est très grave. Que la sagesse ne nous quitte jamais, et que la crainte de Dieu qui n'est que le commencement de la sagesse continue de croître en nous.

Le Seigneur nous demandera des comptes pour chaque centime que nous aurons dépensé n'importe comment. Les vide-greniers regorgent de biens qui ont été tant désirés et achetés de manière inconsidérée voire intempestive, sans parler des concessionnaires de voitures d'occasion qui revendent des véhicules qui ont à peine 3 ans. Bonjour la société de consommation et tant pis pour les pauvres ! **Mes amis, il est temps que nous veillons sur nos cœurs.**

Je fais souvent rire mes frères et sœurs en Christ quand je leur dis que je fais mes courses avec Jésus. Ils me regardent bizarrement, d'un air de dire « mais qu'est-ce qu'elle raconte » ? Je vous assure que c'est vrai. Bon ! Outre les produits courants comme le lait, le café, l'huile, le riz, etc., je scrute les promos et je demande à Jésus de me donner des idées de plats que je pourrais faire à moindre coût. Je puis vous assurer que cela fonctionne.

Et je fais la même chose lorsqu'il s'agit de faire un achat exceptionnel pour des chaussures, un vêtement, de l'électroménager, et Dieu se montre toujours vraiment surprenant et plein de bonté.

Maintenant, je m'adresse surtout aux femmes. Dans 1 Timothée 5.14, Paul encourage les femmes à bien gouverner leur maison. Le mot gouverner en grec est *oikodespoteo*, ce qui signifie être maître, ou à la tête d'une maison, diriger une maisonnée, gérer les affaires familiales. Waouh ! Merci, Seigneur, pour l'autorité que tu as donnée aux épouses et aux mères de famille. Oui, mesdames, pour tout ce qui concerne la gestion et la gouvernance de la maison, c'est vous le « patron » ! Mais, **attention!** L'homme demeure le chef (*képhalé*) protecteur de la femme, le chef spirituel qui aime la femme comme Christ a aimé l'Église et qui s'est **sacrifié** pour Elle. Messieurs, soyez donc amoureux de Jésus pour pouvoir aimer vos femmes d'un amour ***agapé***, d'un amour sacrificiel, et soyez-en le chef et protecteur. Mais ne retirez pas à vos épouses l'autorité que Jésus leur a donnée en leur rabâchant la vôtre, car elles aussi l'ont reçue dès le début (Genèse 1.28).

C - A qui donner ?

Nous avons bien compris que nous devons veiller les uns sur les autres. Utiliser notre superflu pour bénir nos frères et sœurs qui sont dans le besoin, où qu'ils se trouvent (2 Corinthiens 8.13-14).

Dieu nous demande d'honorer doublement les anciens qui dirigent bien.

« **17**Que les anciens qui gouvernent bien, soient jugés dignes d'un double honneur ; principalement ceux qui travaillent à la prédication et à l'enseignement. **18**Car l'Écriture dit : tu n'emmuselleras point le bœuf qui foule le grain ; et l'ouvrier est digne de son salaire. » (1 Timothée 5.17-18)

De quoi s'agit-il au juste ?

Que nous dit la Parole dans 1 Pierre 5.1-4 : « Voici les **exhortations** que j'adresse **aux anciens** qui sont parmi vous, moi ancien comme eux, témoin des souffrances de Christ, et participant de la gloire qui doit être manifestée : **Paissez le troupeau de Dieu qui est sous votre garde, non par contrainte, mais volontairement, selon Dieu ; non pour un gain sordide,** mais avec dévouement ; **non comme dominant sur ceux** qui vous sont échus en partage, mais en étant les modèles du troupeau. »

Dans ce passage, le Maître adresse une convocation à ceux qui, appelés à paître le troupeau, ne le feraient pas volontiers (sans arrière-pensées, ni préméditation) et avec dévouement (volonté empressée, zélée), mais qui, au contraire, le ferait dans un but de dominer[11] l'héritage de notre Seigneur Jésus. Nous sommes ici aux premiers pas de l'Église, se pourrait-il que certains envisageaient déjà de servir leur propre cause sous le couvert du pastorat. De ce fait, le désir de dominer remplace le désir de protéger les âmes. Aujourd'hui, plus que jamais, les assemblées prennent des allures d'entreprise, cherchant à dégager des bénéfices ; leurs responsables se comportent alors plus en PDG qu'en pasteurs.

Ainsi, pour s'assurer que les brebis de notre Seigneur deviennent de dociles « moutons de Panurge », les enseignants dispensent très régulièrement des prêches sur « les autorités dans le royaume des cieux ». Ces discours proclament sans vergogne que tu dois « avaler » tout ce que tu entends depuis la chaire. Tans pis si les Écritures te confirment qu'il y a un problème. Si tu commences à te manifester, attention ! Ce sont là les premiers signes qui « prouvent » que tu es animé d'un esprit de rébellion. La belle affaire !

Pourtant la Bible est très claire : « [...] le seul médiateur entre Dieu et les hommes, c'est Jésus [...] » (1 Timothée 2.5). C'est donc bien la Parole qui tranchera et révèlera l'intégrité de l'enseignant. Ce n'est pas à un homme de s'élever en tant qu'autorité pour exercer un esprit de contrôle.

De plus, quand les fils de Zébédée réclamèrent une place de choix qui les élèverait par rapport aux autres disciples, Jésus les redresse aussitôt les confrontant à leur incapacité d'obtenir une telle place car, seul Dieu en était capable (Marc 10.35 à 37).
Mais encore, la seule autorité dans les cieux qui mérite d'être honorée et obéie est celle de notre bien-aimé Sauveur. Toutes les autres autorités dans les cieux doivent être combattues (Éphésiens 6.12). Car, nous n'ignorons pas que le diable est le **prince de l'air** et qu'il a encore pour un très court temps sa demeure dans les cieux. Rappelons-nous que lorsqu'il fut déchu, il emporta un tiers des anges qui, eux, respectent effectivement une hiérarchie. Ce sont là les fameuses autorités dans les lieux célestes et Jésus nous demande de les discerner pour les combattre.

---

[11] Le verbe dominer correspond au N°2634 du Strong qui signifie : Amener sous son pouvoir, s'assujettir, subjuguer, maîtriser, tenir en soumission, être le maître.

Donc, lorsqu'un homme de Dieu est animé par autre chose que l'amour désintéressé et l'abnégation, ses discours basés sur la Parole de Dieu, n'ont qu'une apparence de piété. En réalité il ne cherche qu'à nous subjuguer pour nous amener à accomplir sa propre volonté ; FUYONS et cessons de bêler des Amen !

Je prie que Dieu ait pitié des serviteurs qui s'égarent ; que dans Sa grâce infinie Il les ramène à leur premier Amour. Amen.

L'apôtre Jean qui est connu pour être le plus doux des disciples dénonce ce genre de comportement chez un certain Diotrèphe qui, semble t-il, veut diriger une assemblée seul et à sa façon (3 Jean 9).

J'ai moi-même eu l'occasion d'entendre de drôles de choses. Dans certaines assemblées pourtant chrétiennes, de nouvelles mentalités avancent des idées dignes de « pros de la finance ». Des fonctionnements calqués sur le système pyramidal où l'ensemble des membres ne vise qu'à augmenter la rémunération d'une seule personne (celle qui dirige) et à faire de l'assemblée une référence cultuelle sur le plan géographique local… Je vous avoue être perplexe devant ce genre de déclaration.

Il y a une chose particulière que le Seigneur regarde toujours, sans jamais faire acception de personne : les motivations du cœur ! C'est précisément ce que Pierre déclare aux anciens. Certains diront que les anciens ne sont pas les pasteurs, ce à quoi je répondrai « Et bien si, justement ». Le mot « pasteur » désignant un homme n'apparaît qu'une seule fois dans la Nouvelle Alliance (Éphésiens 4.11) et ce passage traite d'une manière générale des conditions nécessaires au bon fonctionnement d'une assemblée établies par Dieu.

Tous les autres passages où sont adressés encouragements, conseils, avertissements et mises en garde à ceux qui **paissent** le troupeau, le mot pasteur est remplacé par anciens, évêques, enseignants, dirigeants. De plus, bien que s'adressant aux anciens, l'apôtre Pierre emploie le verbe « paître » directement rattaché au travail du pasteur, du berger.

D'un autre côté, nous avons le cas de Paul qui se défend de n'avoir désiré rien d'autre que de servir la cause de Christ pour le salut des âmes alors qu'il est en droit d'exiger que l'on pourvoie à ses besoins en tant que missionnaire et prédicateur itinérant de l'Évangile.

« 32Et maintenant, frères, je vous recommande à Dieu et à la parole de sa grâce, lui qui peut vous édifier et vous donner l'héritage avec tous les saints. **33Je n'ai désiré ni l'argent, ni l'or, ni les vêtements de personne. 34Et vous savez vous-mêmes que ces mains ont pourvu à mes besoins et à ceux des personnes qui étaient avec moi.** 35Je vous ai montré en toutes choses, que c'est ainsi qu'en travaillant, il faut secourir les faibles, et se souvenir des paroles du Seigneur Jésus, qui a dit lui-même : Il y a plus de bonheur à donner qu'à recevoir » (Actes 20.32-35).

Encore une fois, rappelons-nous que Dieu veut que nous soyons équilibrés. Pour cela, chacun doit Lui demander le discernement pour soutenir les ministères qui servent la cause de Christ. Si nous nous contentons de donner de l'argent uniquement à notre assemblée, assurons-nous qu'elle gère les ressources du Seigneur selon Ses plans et non ceux d'un « pasteur-PDG » qui pourrait détourner ce qui ne lui appartient pas pour ses propres intérêts.

Je connais plusieurs pasteurs qui travaillent de leurs mains pour éviter d'être une charge pour leur assemblée. Cela ne les empêche pas d'être présents tous les dimanches et de consacrer du temps aux âmes qui en ont besoin. Ai-je dit qu'ils étaient parfaits ? Non ! Et qui d'entre nous peut prétendre l'être ? Cependant, ils ont le mérite de ne pas chercher à s'enrichir sur le dos des âmes.

Rien n'est blanc ou noir, rien n'est figé. La Parole nous donne plusieurs pistes quant au travail du serviteur. Nous savons que Paul, à un moment où les saints ont pourvu à ses besoins, a pu se consacrer tout entier à la Parole, mais lorsque l'assemblée n'y parvenait pas, il travaillait et pourvoyait à ses besoins ainsi qu'aux besoins de ceux qui partageaient son fardeau…

Si l'on s'en tient à la règle d'or de Jésus, Tu aimeras ton prochain comme toi-même » (Matthieu 19.19), il paraît tout-à-fait biblique, juste et normal que celui qui est enseigné partage ses bénédictions avec celui qui l'enseigne, mais l'inverse est valable aussi ; si l'enseignant voit une brebis que Dieu lui a confiée dans le besoin, il lui revient naturellement de partager les biens mis en commun avec elle. Lorsque les gens apportaient le revenu des propriétés vendues, les apôtres ne gardaient rien pour eux. Il est écrit que l'argent était distribué aux tables pour les pauvres. Bien sûr, nous comprenons que les apôtres mangeaient, buvaient, dormaient chez ceux qui les recevaient. Percevaient-ils un salaire en numéraire ? Je ne sais pas, mais et je serais tentée de dire non puisque le Maître Lui-même les avait informés quant au danger d'être mercenaire (salarié). Cependant, je suis certaine que les saints veillaient à ce que les serviteurs du Dieu qui avaient tout abandonné pour l'Évangile puissent boire, manger, être vêtus et dormir convenablement.

Je ne sais pas comment auraient réagi les riches propriétaires qui avaient vendu leurs biens à l'époque, s'ils avaient constaté que leurs dons servaient à payer en priorité les « envies » des apôtres au détriment des pauvres et de l'annonce de l'Évangile.

Certains diront : « moi je vis dans un pays où les pauvres sont pris en charge par l'assistance publique, qui se sert dans mes impôts ». Très récemment j'ai eu une discussion avec une chrétienne qui sortait d'une école biblique. Alors que nous évoquions la pauvreté dans notre pays, elle me rétorqua sans sourciller : « il n'y a pas de pauvres en France[12], ça n'existe pas chez nous !! » J'étais estomaquée par sa réponse ; j'avais beau essayer de la raisonner sur cette déclaration plutôt choquante ; rien à faire. Je me demandai alors en mon for intérieur : « qu'a-t-elle appris à l'école biblique finalement ? »

Nous pouvons choisir d'ignorer les pauvres sous prétexte que le pays où nous vivons possède un système d'allocations, mais Jésus est très clair. Il déclare dans Jean 12.8 : « vous aurez toujours les pauvres parmi vous… » et j'aime à croire que Dieu teste notre capacité à aimer sans rien attendre en retour. Donner juste pour l'amour de son prochain. Donc oui, les pauvres existaient, ils existent et existeront encore. Ils peuvent se trouver très près de nous, certains sont si discrets qu'il nous faut prier pour les voir. D'autres se trouvent au loin, dans ces pays oubliés de tous où des kilomètres à pied sont nécessaires pour avoir un peu d'eau. Si nous relevions nos têtes pour regarder au-delà de nos frontières, nous pourrions

[12] La Côte d'Azur affiche un taux de pauvreté très élevé du fait du niveau de vie qu'elle impose. Beaucoup sont SDF.

aussi abaisser nos regards pour mieux percevoir et considérer les pauvres que nous côtoyons et que nous ne voyons pas.

Dans les versets suivants :

« **17** Que les anciens qui gouvernent bien, soient jugés dignes d'un double **honneur** ; principalement ceux qui **travaillent** à la prédication et à l'enseignement. **18Car** l'Écriture dit : tu n'emmuselleras point le bœuf qui foule le grain ; et l'ouvrier est digne de son salaire » (1 Timothée 5.17-18).

Le mot **honneur** vient du grec « time » qui signifie :

- 1 Valeur que l'on attribue à un objet ou un esclave, prix fixé ;
- 2 **Les honneurs qui appartiennent ou qui sont manifestés à quelqu'un ; les honneurs rendus à quelqu'un en raison de son rang ou de sa fonction ; Déférence, révérence**.

Le mot **travailler** en grec est *kopiao*, ce qui signifie :

- être las, fatigué, épuisé (par un dur travail ou des fardeaux, ou du chagrin) ;
- travailler avec un effort important, travailler dur ; un travail physique.

« Car » (v.18) est une conjonction de coordination impliquant une relation de cause à effet entre les deux propositions.

Qui « travaille à l'enseignement » au juste ? La Parole nous explique que certains jeunes avaient été appelés à enseigner comme Etienne et Timothée, et cet appel est encore d'actualité aujourd'hui. Mais dans le cas précis du verset de Timothée, il s'adresse aux anciens qui dispensent l'enseignement.

Dans 1 Pierre 5.1-4, l'usage de la 2e personne du pluriel met en évidence qu'il y avait plusieurs « anciens-pasteurs » au sein d'une même assemblée, tout comme en Actes 20.28-35 qui nous parle des évêques qui paissent l'Église.

Anciens, évêques, presbytres…[13]

Dans ces versets et ailleurs, Paul emploie les mots anciens, presbytres et évêques comme synonymes. Ces diverses expressions désignent ceux qui exercent la même fonction qui consiste à paître l'Église du Seigneur. Pierre, employant le verbe episkopeô, exhorte ainsi les anciens : « Paissez le troupeau de Dieu qui est sous votre garde ». (1 Pierre 5.2)

Les anciens peuvent être appelés individuellement à un ministère particulier comme celui de prophète, d'apôtre, d'évangéliste, de pasteur enseignant ou de docteur de la loi. Le double honneur est donc réservé aux anciens et non pas à tous les enseignants. Pourquoi ? Je vous dirais que pour être établi en tant qu'« anciens », il faut répondre à certains critères, que l'on retrouve en 1 Timothée au chapitre 3 :

« 1Cette parole est certaine : Si quelqu'un aspire à être évêque, il désire une œuvre excellente. 2Il faut donc que l'évêque soit irrépréhensible, mari d'une seule femme, sobre, prudent, rangé, hospitalier, capable d'instruire ; 3Point adonné au vin, ni violent, ni porté au gain déshonnête, mais doux, éloigné des querelles, exempt d'avarice, 4Gouvernant (du grec *proistemi* = placer devant dans le but de protéger, d'aider, de bien prendre soin, d'être attentif à) sa propre maison, tenant ses enfants dans la soumission, en toute honnêteté. 5Car si quelqu'un ne sait pas conduire sa propre maison, comment (*proistemi*) gouvernera-t-il l'Église de Dieu ? 6Qu'il ne soit point nouvellement converti, de peur que, enflé d'orgueil, il ne tombe dans la condamnation du diable. 7Il faut aussi qu'il ait bon témoignage de ceux du dehors, de peur qu'il ne tombe dans l'opprobre et dans le piège du diable. 8Que les diacres, de même, soient graves, sans duplicité, point adonnés aux excès du vin, ni portés au gain déshonnête ; 9Conservant le mystère de la foi avec une conscience pure. 10Et que ceux-ci soient aussi d'abord éprouvés : qu'ensuite ils exercent leur ministère, s'ils sont sans reproche. 11De même, que leurs femmes soient graves, non médisantes, sobres, et fidèles en toutes choses. 12Que les diacres soient maris d'une seule femme, gouvernant bien leurs enfants et leurs propres maisons. 13Car ceux qui auront bien rempli ce ministère, s'acquièrent un rang honorable, et une grande assurance dans la foi qui est en Jésus-Christ.

[13] Tiré d'une étude du site « pasteurweb » :
https:./www.pasteurweb.org/Etudes/LeSensDesMots/Eveque.htm

« […] Car ceux-ci s'acquièrent un rang **honorable**… »

Dans ce passage, Paul associe les évêques et les diacres quel que soit leur ministère respectif. Nous avons déjà vu que les termes berger, évêque et ancien sont souvent repris par le mot « ancien » - lesquels « ne doivent faire l'objet d'aucune accusation, sauf sur la déclaration de 2 ou 3 témoins. »

C'est pourquoi Paul dit dans 1 Timothée 5.19 : « Ne reçois aucune accusation contre un ancien, si ce n'est de deux ou trois témoins. »

En résumé, pour ceux qui méritent le titre « d'anciens » et qui en plus travaillent dur à l'enseignement, il est écrit :

- Qu'ils reçoivent un double honneur (v.17) ;
- Car ils méritent leur salaire. (v.18) Lequel ?
- Qu'ils ne soient pas accusés sauf sur la déclaration de 2 ou 3 témoins (v.19).

Autrement dit, l'assemblée doit les honorer, avoir du respect et de la déférence à leur égard, ce qui correspond au double honneur. Certains diront que le passage de 1 Timothée 3 s'adresse aux évêques. Cependant, si nous nous référons à Tite 1.5-9, les anciens que Tite doit nommer doivent répondre aux mêmes exigences.

Soulevons un point essentiel : que ce soit dans les épîtres de Timothée ou bien celles de Tite, il est question de nommer des anciens dans des assemblées dites désordonnées, corrompues, faibles et désobéissantes à Christ. Dans un tel climat charnel, il est facile de comprendre qu'enseigner, reprendre, exhorter, censurer, n'était pas simple. Cela pouvait parfois susciter des mécontentements, des grincements de dents, des murmures pouvant aller jusqu'à la médisance, la diffamation, les plus vils ragots juste basés sur des mensonges.

Aujourd'hui encore, un ancien qui fait preuve d'intégrité dans sa mission pour Christ, mérite ce double honneur de respect et de déférence. Il assume une lourde tâche et ne doit donc pas faire l'objet d'accusations, sauf en cas de preuve et de témoignages évidents de sa désobéissance à Christ.

Dans 1 Corinthiens 9, Paul se défend d'accusations qui sont portées contre lui, « [...] car c'est là ma défense contre ceux qui m'accusent ». (v.3) Visiblement, certains ne lui reconnaissaient pas son statut d'apôtre et de prédicateur et, de ce fait, lui refusaient le droit d'être nourri, logé et béni parmi ceux qu'il enseignait.

Là, c'était le comble ! Paul, qui avait tout abandonné pour annoncer l'Évangile, qui allait de ville en ville et de pays en pays au péril de sa vie pour piller l'enfer, se voyait refuser ce que Christ avait promis à ceux qui annonçaient la Bonne Nouvelle : le droit de vivre de l'Évangile. Autrement dit, on l'empêchait de prendre part aux bénédictions de ceux qu'il enseignait et ainsi recevoir son salaire.

1 Corinthiens 9 : « 1Ne suis-je pas apôtre ? Ne suis-je pas libre ? N'ai-je pas vu Jésus-Christ notre Seigneur ? N'êtes-vous pas mon œuvre dans le Seigneur ? 2Si je ne suis pas apôtre pour les autres, je le suis au moins pour vous ; car vous êtes le sceau de mon apostolat dans le Seigneur. 3C'est là ma défense contre ceux qui m'accusent. 4N'avons-nous pas le droit de manger et de boire ? 5N'avons-nous pas le droit de mener partout avec nous une sœur notre épouse, comme les autres apôtres, et les frères du Seigneur, et Céphas ? 6Ou, n'y a-t-il que moi seul et Barnabas, qui n'ayons pas le droit de ne point travailler ? 7Qui est-ce qui ne va jamais à la guerre à sa propre solde ? Qui plante une vigne, et ne mange pas de son fruit ? Ou, qui paît un troupeau, et ne mange pas du lait du troupeau ? 8Dis-je ceci selon la coutume des hommes ? La loi ne le dit-elle pas aussi ? 9Car il est écrit dans la loi de Moïse : Tu n'emmuselleras point le bœuf qui foule le grain. Est-ce des bœufs que Dieu prend soin ? 10Ou n'est-ce pas réellement pour nous qu'il a dit cela ? C'est pour nous qu'il a écrit que celui qui laboure, doit labourer avec espérance, et celui qui foule le grain, le fouler avec espérance d'avoir part à ce qu'il espère. 11Si nous avons semé pour vous les choses spirituelles, est-ce beaucoup que nous moissonnions de vous les charnelles ? 12Si d'autres usent de ce droit sur vous, n'en userions-nous pas plutôt ? Cependant, nous n'avons point usé de ce droit, au contraire, nous souffrons tout, afin de n'apporter aucun obstacle à l'Évangile de Christ. »

Notez, au passage, que Paul ne parle pas de vouloir se payer des vacances ou bien un char flambant neuf équipé de 4 chevaux. Il demandait seulement qu'on subvienne à ses besoins...

Ce passage confirme encore une fois que les missionnaires doivent être pris en charge par les membres des assemblées.

Récapitulons. Les besoins physiques, moraux et spirituels des âmes sont pris en charge non pas par un couple pastoral, mais par un **grand** groupe composé de plusieurs membres d'anciens, tous investis d'un ministère particulier. A ceux-ci, il convient de rajouter tous les diacres qui par la prière et l'imposition des mains des anciens ont eux aussi reçu des dons. Voilà donc une assemblée qui ne peut que bien fonctionner, car les uns prennent soins des autres. Un modèle comme celui-ci est purement biblique et ne laisse de place ni à l'orgueil ni à l'esprit de contrôle d'un pasteur-PDG, car tout ce « beau petit monde » veille l'un sur l'autre, empêchant qu'un tel débordement ne se produise.

Vous comprendrez alors que de rémunérer un pasteur sédentaire béni de Dieu par un bon travail qu'il choisit d'abandonner pour **se** mettre seul à la tête d'une assemblée, est dénué de bon sens et n'est pas du tout biblique. J'invite de tels pasteurs à la plus haute prudence en s'interrogeant sur les intentions et les motivations de leur cœur.

L'assemblée « mono pastorale » n'est pas biblique. Elle constitue un réel danger pour ceux qui servent et pour ceux qui reçoivent au sein de cette communauté, et si Dieu ne l'a pas envisagé dans Sa Parole, c'est qu'Il avait Ses raisons.

L'honneur réservé aux diacres dans leur ensemble, ainsi qu'aux anciens qui sont également des diacres, se traduit par le fait de manifester :

- De l'empathie à l'égard de ceux qui donnent d'eux-mêmes et de leur temps pour le bien de leur assemblée ;
- De la reconnaissance envers eux en saluant leur dévouement pour le service de Christ ;
- Du respect à leur égard ;
- De la probité en se gardant de les accuser à tort.

Il n'en reste pas moins que les anciens ont eux aussi droit à un soutien, au même titre que chaque frère et sœur dans le besoin, et qu'ils devraient pouvoir compter sur leur famille chrétienne pour de l'aide lorsqu'ils traversent des temps difficiles.

Attention, donc, à tous ceux qui ont beaucoup reçu et que Dieu appelle à répondre aux besoins de leurs frères nécessiteux. Attention à ne pas retenir pour vous seuls les dons que Dieu destine à d'autres, car c'est une grâce qu'Il nous fait de pourvoir aux besoins d'un frère ou d'une sœur et de mettre un sourire sur son visage. Il y a plus de joie à donner qu'à recevoir (Actes 20.35).

Le mot « pauvre » utilisé dans la Bible vient du grec *ptocheuo* qui signifie :

- 1 - Mendiant (Ancienne Alliance) ;
- 2 - Qui n'est pas dans l'abondance (Nouvelle Alliance).

Quand j'ai lu cette définition, j'ai été interpellée. Cela pourrait-il vouloir dire que sous la Nouvelle Alliance il ne devrait plus y avoir de frères ou sœurs mendiants, mais qu'il peut encore exister des chrétiens qui ne soient pas dans l'abondance ?

Cette définition fait écho à l'insistance de Paul sur le fait que l'abondance de certains vienne équilibrer des besoins chez les autres (2 Corinthiens 8.14).

Maintenant, la Bible nous dit aussi « que celui qui reçoit l'enseignement partage tous ses biens avec celui qui l'enseigne » (Galates 6.6). Puis, au verset 7 nous lisons « ne vous abusez point ; on ne se joue pas de Dieu ; car ce que l'homme aura semé, il le moissonnera aussi. » Ce dernier verset a souvent été utilisé pour intimider les croyants. Mais, dans ce contexte, Dieu met-il uniquement en garde les brebis ? Que nous dit la Parole à ce sujet ?

« Prenez donc garde à vous-mêmes, et à tout le troupeau sur lequel le Saint-Esprit vous a établis évêques, pour paître l'Église de Dieu, qu'il a acquise par son propre sang. » (Actes 20.28)

« Ses chefs jugent pour des présents, ses sacrificateurs enseignent pour un salaire, et ses prophètes prédisent pour de l'argent ; et ils s'appuient sur l'Éternel, disant : " L'Éternel n'est-il pas parmi nous ? Le mal ne viendra pas sur nous !" » (Michée 3.11)

Il semblerait que Dieu avertisse les deux, à la fois les conducteurs et les brebis. Il préconise aux âmes de partager leurs biens avec ceux qui leur enseignent **la Parole** et seulement **la Parole.** Pas de compromis quitte à ce que cette prédication les secoue parfois, par opposition à une prédication diluée qui risque de conduire le chrétien dans une léthargie meurtrière. Dieu nous met donc en garde de ne pas conforter les faux pasteurs. En effet, dans Luc 12 Jésus Lui-même déclare : « 1Avant tout, gardez-vous du levain des pharisiens, qui est l'hypocrisie. 2Il n'y a rien de caché qui ne doive être découvert, ni de secret qui ne doive être connu. 3C'est pourquoi tout ce que vous aurez dit dans les ténèbres sera entendu dans la lumière, et ce que vous aurez dit à l'oreille dans les chambres sera prêché sur les toits. »

En somme, si nous entretenons l'hypocrisie, il serait certainement utile de nous interroger nous-mêmes, car si nous servons ce vice un tant soit peu, nous devrons en rendre compte au Maître.

Le mot hypocrisie tire son origine de la comédie dans laquelle des acteurs jouent un rôle sur scène. L'hypocrite désigne une personne qui joue un rôle, qui ment et qui triche. A l'inverse, une personne authentique, elle, ne peut supporter l'hypocrisie ou la fraude, et encore moins la cautionner.

Par ailleurs, le Seigneur avertit les pasteurs de veiller à enseigner la Parole sans compromis, sans la remettre « au goût du jour » sous prétexte que beaucoup chrétiens n'y croient plus ou estiment qu'il faudrait la réactualiser. J'ai un « énorme scoop » pour vous !

Jésus n'a pris aucune ride ! Il n'a besoin ni de lifting ni de maquillage.

Prêcher la Parole telle qu'elle est écrite, c'est libérer les âmes de tous les mensonges insidieux que le diable (le prince de la puissance de l'air) distille aux travers des mentalités du monde. Même si cela risque d'en heurter quelques-uns, nous savons que la Parole est une épée à double tranchant.

La diluer, c'est laisser le diable s'introduire dans les assemblées pour tuer les âmes à petit feu. Une vérité contaminée par 0.000001% de mensonge n'est plus une vérité !

Veillons et prions pour que Dieu nous permette de discerner comment, combien et à qui nous devons donner.

Dans tous ces récits que nous avons examinés, aucune mention n'est faite de la dîme. Les serviteurs de Dieu pourvoyaient eux-mêmes à leurs besoins et pouvaient aussi prendre part aux biens de ceux qu'ils servaient. Seuls les missionnaires étaient complètement pris en charge par les saints ; ceux qui avaient beaucoup reçu donnaient pour compenser le manque des autres, et chacun faisait et aidait comme il l'avait reçu dans son cœur.

Ce que nous devons retenir sous la Nouvelle Alliance, c'est que Jésus ne regarde pas à ce que nous donnons, mais Il regarde à notre manière de donner, comme pour la pauvre veuve.

C'est comparable à un enfant qui, dès le mois de septembre, se met à chercher le cadeau de Noël qu'il fera à sa maman ou à son papa. Il est tellement excité de faire plaisir à son parent qu'il y pense longtemps à l'avance. C'est dans cette même pensée que Paul écrit : « J'ai donc estimé nécessaire de prier les frères d'aller **d'avance** chez vous, et d'achever de préparer la libéralité que vous avez déjà promise, afin qu'elle soit prête comme une libéralité, et non comme le **fruit de l'avarice.** » (2 Corinthiens 9.5)

Dans ce passage, Paul exprime clairement que si votre cadeau vient du cœur, vous y aurez songé longtemps à l'avance, mais s'il est fait à contrecœur, vous attendrez le dernier moment pour le préparer…

Ainsi, soyons comme des enfants excités à l'idée de déballer les cadeaux que nous fait notre Papa céleste, mais que nous le soyons tout autant lorsqu'il s'agit de bénir quelqu'un. De la même manière que nous avons été sauvés pour annoncer le salut, sachons bénir les autres des bénédictions dont nous avons été l'objet.

Soyons toujours comme des enfants, enseignables, sans arrière-pensées ni faux semblants. Sachons être vrais, directs et surtout toujours plus amoureux de Jésus, afin que Sa joie demeure en nous.

La dîme dans Malachie

« Ce qui arriva du temps de Noé arrivera de même
aux jours du Fils de l'homme. » (Luc 17.26)

« Que personne ne vous séduise d'aucune manière ; car il faut que l'apostasie soit arrivée auparavant, et qu'on ait vu paraître l'homme du péché, le fils de la perdition [...] » (2 Thessaloniciens 2.3).

« Mais, quand le Fils de l'homme viendra, trouvera-t-il
la foi sur la terre? » (Luc 18.8)

Ces trois versets s'adressent à deux groupes de personnes, le premier est destiné aux nations qui ne connaissent pas le Seigneur (il ne s'adresse donc ni aux Juifs ni aux chrétiens). Du temps de Noé, les hommes mangeaient, buvaient, se mariaient et mariaient leurs enfants, sans être conscients de la mort imminente qui les surprendrait. Il en sera de même lors du retour du Seigneur ; aujourd'hui, les gens vivent à leur guise sans se soucier du fait que leur vie va très bientôt basculer.

Les deux autres versets s'adressent aux enfants de Dieu, à nous les chrétiens. La Parole nous met en garde contre de vains discours flatteurs et assoupissants qui pourraient nous séduire et faire de nous des apostats. Comme nous l'avons vu précédemment, apostat veut dire divorce. Or, Jésus explique que le divorce n'est possible qu'en cas d'adultère. Un chrétien apostat est donc, par définition, un chrétien qui entretient l'adultère.

Pour comprendre en quoi le livre de Malachie est une figure qui annonce l'apostasie à venir dont parle Jésus, il est utile de remonter le cours de l'histoire de 300 ans.

A - Quelques faits historiques

Au 8e siècle avant Jésus-Christ, Esaïe prophétisa :

« 1Ainsi a dit l'Éternel à son oint, à Cyrus, que j'ai pris par la main droite, pour terrasser devant lui les nations et délier les ceintures des rois, pour ouvrir les portes devant lui, tellement qu'elles ne soient plus fermées : 2J'irai devant toi, et j'aplanirai les chemins raboteux ; je romprai les portes d'airain, et je briserai les barres de fer ; 3Je te donnerai les trésors cachés et les richesses les plus secrètes ; afin que tu saches que je suis l'Éternel, qui t'appelle par ton nom, le Dieu d'Israël. 4Pour l'amour de Jacob, mon serviteur, et d'Israël, mon élu, je t'ai appelé par ton nom et je t'ai choisi, quand tu ne me connaissais pas. » (Esaïe 45.1-4)

« J'annonce dès le commencement ce qui doit arriver, et longtemps d'avance ce qui n'est pas fait encore ; je dis : Mon dessein tiendra, et j'exécuterai toute ma volonté. » (Esaïe 46.10)

Sous la 13e année du règne du roi Josias, le prophète Jérémie prophétisa sur Israël, leur commandant, au nom de l'Éternel, de revenir à Dieu et de se repentir. Nous sommes alors en l'an -625.

En -539, quelques 200 ans après que Dieu ait parlé par la bouche d'Esaïe pour annoncer qu'Il susciterait Cyrus pour délivrer Son peuple, Esdras en fait le récit aux versets 1 et 2 du chapitre 1 : « La première année de Cyrus, roi de Perse, afin que s'accomplît la parole de l'Éternel prononcée par la bouche de Jérémie, l'Éternel réveilla l'esprit de Cyrus, roi de Perse, qui fit faire de vive voix et par écrit cette publication dans tout son Royaume : Ainsi parle Cyrus, roi des Perses : L'Éternel, le Dieu des cieux, m'a donné tous les royaumes de la terre, et il m'a commandé de lui bâtir une maison à Jérusalem en Juda [...] »

A la fin de la diaspora, en -537, les enfants d'Israël retournèrent sur leur territoire.

En l'an -445, soit moins d'une centaine d'années plus tard, les travaux tardent, la muraille est toujours en ruine et les portes sont consumées. Néhémie est tellement triste qu'il fait monter une prière à son Dieu, le Dieu d'Israël (Néhémie 1.5).

Récapitulons :

- au 8e siècle av. J.-C., prophétie d'Esaïe sur l'intervention de Cyrus pour délivrer Israël ;
- au 7e siècle av. J.-C., prophétie de Jérémie sur la déportation en Babylone ;
- au 6e siècle av. J.-C., Esdras voit s'accomplir la délivrance de son peuple par la main de Cyrus et prend part au retour de la captivité ;
- au 5e siècle av. J.-C., Néhémie et Malachie sont spectateurs de la déchéance spirituelle des serviteurs de Dieu. Ils interviennent pour rétablir Ses ordonnances.

Le roi Artaxerxès, informé de ces faits par Néhémie, son serviteur, l'autorise cette même année (-445) à partir vers Jérusalem, le temps nécessaire pour finir la muraille. Nous sommes dans la 20e année de son règne.

Soyons attentifs à ce qui suit :

Durant son « périple » vers Jérusalem, Néhémie doit affronter l'adversité de Tobija l'Ammonite qui, associé à Samballat le Horonite et Guéschem l'Arabe, veut empêcher le serviteur de Dieu d'accomplir sa mission pour l'Éternel (Néhémie 2.19).

Ces trois personnages, l'Ammonite, le Horonite et l'Arabe font figure **d'ennemis de Dieu** et, par extension, d'ennemis de Son peuple. Dans le cas présent, ils ne semblent pas s'opposer ouvertement à Néhémie, ni ne donnent-ils l'impression de lui déclarer la guerre avec des armes et des boucliers. Vraiment pas ! En fait, leur stratagème est pire encore, car ils sont des ennemis déguisés en hommes inoffensifs. Leur haine démesurée leur a permis de maîtriser l'art de décourager, d'influencer et d'empêcher un enfant de Dieu d'entrer dans son appel, notamment en le raillant…

Nota Bene :

Rappelons que nous sommes ici dans l'Ancienne Alliance. Les sacrificateurs ont le rôle très important de présenter les sacrifices devant Dieu, **d'enseigner le peuple, de les exhorter à pratiquer les œuvres de justice.** Rappelons que nous sommes après les 70 ans de captivité, le peuple alors rentré en terre d'Israël pratique à nouveau ce que la loi ordonne sous l'enseignement des sacrificateurs. Le rôle de ces derniers est extrêmement important : seule une droiture exemplaire leur permettra de réinstaurer la pratique des ordonnances de la loi.

Malheureusement, ils ne se montreront pas irréprochables. En l'an - 433, quelques 12 ans après la restauration de la muraille, la reconstruction des portes, la dédicace de la muraille et le retour de Néhémie auprès du roi selon sa promesse, **le souverain sacrificateur Eliaschib installe un ennemi de Dieu (un parent de Tobija) dans l'une des chambres du temple.** Et pas n'importe laquelle puisque c'est dans cette pièce qu'il était question d'entreposer les offrandes, l'encens la dîme du blé, du moût, de l'huile ; en bref, ce qui était réservé aux Lévites, aux chantres et aux portiers et ce qui était prélevé pour les sacrificateurs (Néhémie 13.5).

Notez la subtilité, l'ennemi de Dieu se place à un endroit stratégique et sans aucune violence, afin d'empêcher le peuple de Dieu de rendre au Seigneur ce qui est à Lui. Vous saisissez ? Continuons. Un souverain sacrificateur, soit la personne la plus importante cultuellement parlant, invite l'ennemi de Dieu à pénétrer **dans** le temple. Les ammonites avaient une **interdiction à perpétuité d'être au milieu de l'assemblée du peuple de Dieu (Deutéronome 23.3).** Les chambres du temple leur étaient d'autant plus interdites. C'était une grave offense à Dieu qui, de surcroît, émanait d'un souverain sacrificateur. Celui-ci aurait dû, au contraire, donner l'exemple dans son attitude, son amour et son zèle pour la Parole dans le but de protéger et de faire grandir les âmes dont il avait la responsabilité.

Comprenez-vous ce que révèle ce passage ? En retournant auprès du roi de Perse, Néhémie emporte avec lui sa passion et son amour pour Dieu. Le souverain sacrificateur Eliaschib, homme à haute responsabilité au sein du peuple, se trouve malheureusement dans un état spirituel de tiédeur, et malgré l'interdiction divine à perpétuité, il concède qu'un ennemi de Dieu s'installe dans une grande chambre sur les parvis du temple (Néhémie 13.7). Autrement dit, un homme d'influence au sein d'Israël accepte la compromission avec un ennemi en dérogeant à un ordre de l'Éternel ; ce choix est lourd de conséquences. L'adversaire peut alors semer la confusion, le trouble et l'instabilité dans le cœur des croyants placés par Dieu sous la bienveillance de Son serviteur. Et que se passe-t-il lorsqu'un docteur ou un enseignant de la loi laisse entrer l'adversaire dans le troupeau ? Ce sont tous les membres de l'assemblée qui en meurent !

> La tiédeur d'Eliaschib était telle que les compromis avaient envahi plusieurs domaines d'activités de la société ; l'infidélité du souverain sacrificateur atteint alors son comble : il donna son petit-fils en mariage à la fille de Samballat, un autre ennemi de Dieu (cf. Néhémie 13.15-31).

B - Le livre de Malachie, l'ombre de l'apostasie à venir

La tiédeur est très dangereuse. Elle fait croire à une personne que sa position est tout-à-fait honorable et qu'elle est en sécurité alors qu'en réalité, elle est aveugle et marche tranquillement mais sûrement, sans bâton, vers un précipice. Que dit le Maître Jésus sur la tiédeur ? « Parce que tu n'es ni froid, ni bouillant, je te vomirai de ma bouche. » (Apocalypse 3.16)

Le livre de Malachie couvre une période allant de -450 à -430. Environ 100 ans après que les Hébreux aient réinvesti la terre de Juda. Leur état spirituel est déjà catastrophique. Le peuple semblait avoir déjà oublié sa déportation et les traitements infligés par Nébucanetsar et ce qu'il advient lorsqu'on néglige d'entendre et d'obéir à la voix des prophètes. Comment est-ce possible ?

Cette année -432 relatée dans Néhémie correspond exactement à la période décrite en Malachie. C'est précisément dans ce livre que figure le verset préféré des pasteurs « pro-dîme » :

« **Apportez** à la maison du trésor **toutes les dîmes et les offrandes** afin qu'il y ait de la nourriture dans ma maison ; mettez-moi de la sorte à l'épreuve dit l'Éternel des armées **et vous verrez** si je n'ouvrirai pas pour vous les écluses des cieux et **si je (Dieu) ne répands pas sur vous la bénédiction en abondance.** » (Malachie 3.10)

Les parties en gras sont les mots-clés sur lesquels les pasteurs s'attardent souvent.

En cette même période, Néhémie quitte une seconde fois le roi de Perse pour se rendre à Jérusalem. C'est là qu'il constate avec tristesse et colère que le cœur du souverain sacrificateur est tiède. L'influence de ce dernier finit par éconduire tout le peuple, l'amenant dans le compromis, puis dans la mort spirituelle. Il ne peut en être autrement car le compromis mène inéluctablement à la mort, car tout comme le péché, il nous rend ennemi de Dieu. Or, notre Dieu ne peut supporter le compromis puisqu'Il nous aime d'un amour jaloux (Jacques 4.4-6).

Comme nous l'avons vu, les livres de Néhémie et de Malachie sont étroitement liés. Pourtant, Néhémie est en plein milieu de l'Ancienne Alliance alors que Malachie en est le dernier livre. Cela montre encore l'importance d'analyser la Parole dans son ensemble.
Pour ceux qui n'ont pas encore lu le livre de Malachie en entier (3 pages), s'il-vous-plaît, **lisez-le, sans plus tarder** !

Dans Néhémie 13, Dieu annonce combien ceux qui sont « en charge des âmes » auront à répondre de leurs actes. Puis en Jacques 3.1, Il fait écrire : « Mes frères, qu'il n'y ait pas parmi vous beaucoup qui enseignent, car nous encourrons un jugement plus sévère. » Et, comprenons bien que les actes d'un enseignant ont plus de poids que les mots qui sortent de sa bouche. Au dernier chapitre de Malachie, nous en avons un exemple probant, un véritable étalage de tout le mal qui a découlé du comportement du souverain sacrificateur. Il faut comprendre que c'est précisément la conduite de Ses serviteurs que Dieu dénonce et condamne dans Malachie et non pas celle du peuple. La léthargie spirituelle des sacrificateurs était telle que les Lévites ne recevaient plus leur part sur les dîmes (1% était réservé aux premiers et 9% aux seconds). De ce fait, ces derniers ont dû retourner dans leur territoire respectif (Néhémie 13.10).

La conduite du souverain sacrificateur exerce une influence directe sur celle de tous les sacrificateurs et des Lévites. Et comme sous l'Ancienne

Alliance, ces derniers sont les seuls à être mis à part pour Dieu afin d'enseigner le peuple, les Lévites subissent la mauvaise influence et la tiédeur du sacrificateur « en chef ».

Aujourd'hui encore, combien de chrétiens justifient leurs manquements en disant : « pourquoi je ne ferais pas ceci ou cela puisque mon pasteur et son épouse ne s'en privent pas et que leurs enfants font ce qu'ils veulent… ? »

> Seulement, nous devons nous rappeler qu'aujourd'hui, nous sommes **tous** un Royaume de sacrificateurs et notre seul Grand Souverain, c'est Jésus, de qui nous tirons l'exemple. De même, gardons-nous de toute forme d'hypocrisie sans quoi, nous serons amenés à en rendre compte personnellement devant le Père, le Saint d'Israël. Ainsi, comme chacun est responsable de soi-même devant Dieu, prenons garde à nos attitudes.

L'effet domino est bien lancé : les sacrificateurs n'enseignent plus le peuple, ce dernier n'apporte plus sa dîme et ses offrandes, les Lévites délaissent l'entretien du temple…

Aujourd'hui, cela se traduit par le constat suivant :

- Les pasteurs distillent un enseignement « de lait » et comme celui-ci est encore trop lourd à digérer, ils le coupent avec de l'eau ;
- Les âmes sont endormies à longueur de semaine, à l'exception des quelques heures qu'elles passent le dimanche au culte où elles essaient d'être « chaud bouillants ». Le reste du temps, elles sont confortablement installées dans une routine soporifique où prédomine le « moi d'abord et après moi le déluge » !
- On ne recherche plus Dieu pour qui Il est mais pour ce qu'Il pourrait rapporter en bénédictions. On est loin de faire de son corps une « dîme des bestiaux et des fruits » pour ne servir que Dieu seul ! Il ne faudrait quand même pas trop nous demander ! Quant aux offrandes pour aider notre frère ou notre sœur dans le besoin, non. Pourquoi se charger d'un tel fardeau

alors qu'il y a la banque alimentaire ? Ils n'ont qu'à s'y inscrire !

Or, prendre soin du temple, c'est précisément veiller les uns sur les autres dans l'amour (1 Jean 3.17).

En attendant, on donne son argent à quelqu'un qui n'enseigne plus la vérité, en oubliant que l'on rendra des comptes à Dieu pour avoir choisi le confort et encouragé des enseignants dangereux plutôt que l'intégrité de Sa parole et l'amour du prochain.

On donne tellement à son assemblée qu'on n'a plus de quoi soutenir les pauvres ou l'évangélisation missionnaire, alors que Jésus nous en a donné l'ordre.

« **Car les lèvres du sacrificateur doivent garder la science,** et c'est à sa bouche qu'on demande la loi, parce qu'il est un envoyé de l'Éternel des armées. Mais vous, vous vous êtes écartés de la voie, vous **avez fait de la loi une occasion de chute pour plusieurs,** vous avez violé l'alliance de Lévi, dit l'Éternel des armées. Et moi, je vous rendrai méprisables et vils aux yeux de tout le peuple, **parce que vous n'avez pas gardé mes voies, et que vous avez eu égard à l'apparence des personnes quand vous interprétez la loi. »** (Malachie 2.7-9)

Notez bien cette dernière phrase. Dieu relève que les enseignants faisaient usage de la Parole, mais qu'ils l'interprétaient à leur manière, dans le but de plaire au peuple et notamment à ceux qui faisaient bonne figure et qui leur convenaient.

Dans Malachie, le Maître avertit ceux qui sont appelés à prendre soin des âmes et à les enseigner. Il les enjoint de rester vigilants à l'égard d'eux-mêmes afin de ne pas s'écarter de la vérité de la Parole et de pouvoir la transmettre avec droiture de cœur et d'esprit. Tout le livre de Malachie est une énumération des reproches que Dieu adresse aux sacrificateurs, car leur comportement a entraîné la perte du peuple. Ce recueil parle clairement de l'apostasie, (*apostasion* = divorce) dans le peuple de Dieu.

> « Juda s'est montré infidèle, et une abomination a été commise en Israël et à Jérusalem ; car Juda a profané ce qui est consacré à

l'Éternel, ce qu'aime l'Éternel, il s'est uni à la fille d'un dieu étranger [...] » (Malachie 2.11).

Ici encore, l'Ancienne Alliance est une ombre des choses à venir. Malachie annonce la grande apostasie qui sévira dans les derniers temps, celle qui sévit aujourd'hui.

Ce qui est sûr, c'est que Malachie ne se résume pas à : « apportez vos dîmes et Dieu vous bénira », mais plutôt : « enseignez mon peuple vous tous qui êtes appelés à cela afin de ne pas M'empêcher de les bénir. Car, à cause de vos faux enseignements, ils se sont éloignés de moi. Leur comportement est une entrave à l'intimité que je désire ardemment avoir avec chacun d'eux et à l'exaucement de leurs prières. »

C'est le moment de veiller, comme jamais ! « Veillez donc, car vous ne savez pas à quelle heure votre Seigneur viendra. » (Matthieu 24.42)

Malheureusement, peu à peu, le somnifère spirituel fait son effet. Les principautés d'endormissement et d'apathie y travaillent sans répit.

On est confortablement installé dans notre « train train » quotidien, sans secousse car il ne faut surtout pas heurter les gens. Le « petit lait servi » pourrait tourner ! Quant à avaler du steak, c'est bien trop fatigant, car la viande demande d'être mâchée et sa digestion est plus longue. Non, non, non, c'est très bien comme ça. La musique est bonne, les couleurs des pièces sont douces et agréables, on se sourit, on se fait du bien, on est sauvé, et tout va bien. Tant pis pour ceux du dehors ! De toute façon, le pasteur s'occupe de tout ; c'est lui qui commande, moi je n'ai qu'à m'occuper de moi-même, préparer mes prochaines vacances, acheter telle voiture, rapporter ces chaussures, prendre un repas avec les filles du bureau dans ce piano bar. Leur parler de Jésus ? Ca m'est impossible avec elles, mais ce n'est pas si grave, faut bien vivre un peu, non ? Tiens ! Dimanche je suis de service et je dois penser à imprimer des coloriages de Jésus pour les 3 à 6 ans. Il faudra que je pense à dire à Nina que sa nouvelle coupe de cheveux est « à tomber ». Par contre, elle a dû encore grossir et « se paie un de ces arrière-trains », au secours ! Oh là là, je n'ai pas vu l'heure passer et mon feuilleton du mardi va bientôt commencer !...

Mes amis, l'heure est très grave et notre attitude sera déterminante. Dieu nous observe pour voir si nous chercherons Sa face ou si nous nous contenterons de nous laisser bercer par le monde et ses beaux récits (2 Timothée 4.3 ; Jude 1.4 ; etc.).

Nous vivons une époque où les gens marchent sur la tête. Tout, absolument tout, est déréglé.
Pendant que l'ennemi de nos âmes prépare les consciences à accepter la marque de la bête, un endormissement mortel dévale dans le peuple de Dieu.

Aujourd'hui dans les boîtes de nuit, communément appelées par les clairvoyants « Récréations de Satan », une nouvelle drogue est utilisée. Celle-ci fait perdre tout contrôle à la victime, qui s'assoupit et ne se souvient de rien. A son réveil, elle constate qu'elle a été violée, dépouillée, et apprend que des photos d'elle circulent déjà sur le Net, l'exposant à la honte et à l'humiliation. Il ne lui reste vraiment plus rien, sa dignité lui a été dérobée. Maintenant, c'est trop tard et elle n'a rien vu venir tellement la séduction était bien ficelée ; pourtant, le séducteur avait eu l'air si gentil, attentionné et réglo…

C'est ainsi que le diable ruse dans nos assemblées ; il utilise « l'effet Mandela »[14] pour endormir les consciences. Ainsi, l'avarice, la passivité et le manque d'amour s'installent, et la pornographie avec ses pratiques sexuelles en tout genre envahissent les formations chrétiennes où l'on explique sans vergogne : « Puisque Dieu ne précise rien à ce sujet, dans la mesure où les deux partenaires sont d'accord sur une quelconque pratique sexuelle, tout est permis ». On déforme ainsi le verset « tout m'est permis mais tout n'est pas utile. » (1 Corinthiens 10.23)
Pourtant, la Bible regorge de renseignements sur la sexualité, encore faut-il vouloir ouvrir les yeux !

---

[14] **L'effet Mandela** correspond à **une sensation d'altération de la réalité**. **Source : sciencepost.fr**.
La science a depuis longtemps prouvé que le cerveau humain est une machine à désinformer, et que faire confiance à sa mémoire lorsqu'il s'agit de restituer précisément une information **est généralement une très mauvaise idée**. **Source : motherboard.vice.com**

Par ailleurs, les mères n'ont plus envie de s'occuper de leurs enfants. On leur a fait croire que d'aimer s'occuper des siens et de sa maison était dégradant et que le statut social était indispensable pour être reconnu dans la société. Et oui ! Bien sûr, qu'il est important de se sentir important... (et je ne parle pas ici de celles qui malheureusement n'ont pas d'autre choix que de subvenir aux besoins de leurs enfants). Par conséquent, les mères qui ont pourtant le choix, s'engouffrent dans leur travail, en privilégiant leurs relations professionnelles aux dépens de leur relation avec leurs enfants. Ces derniers finissent par se rebeller contre leurs parents qui ont démissionné de leurs responsabilités.

L'enfant peut se dire en lui-même : « Papa est pourtant présent à la maison et tâche d'aider maman à faire les courses et à passer l'aspirateur. Pourquoi se plaint-elle alors d'être toujours débordée, sans jamais avoir le temps de m'écouter ? Il s'est passé plein de trucs bizarres à l'école et j'aurais besoin de lui en parler... Papa, lui, n'a pas le temps et il est trop occupé à regarder la chaîne sportive qui offre des distractions 24 heures sur 24. Seulement, maman est dépassée : elle s'est pris la tête avec sa collègue, son patron a revu ses objectifs à la hausse, rien ne va plus. En plus, papa a fait tourner une machine sans trier le linge par couleur et tout a déteint en gris, même le pull préféré de maman... Puis, il a oublié de payer la cantine, ce qui fait que la directrice a dû appeler maman sur son portable pendant qu'elle était en réunion avec son patron. Il faut aussi s'occuper de m'acheter ma tenue de sport et les cordes de ma guitare pour mes activités du mercredi. Maman a tellement de choses dans la tête que, même le mercredi qu'elle est censée me consacrer, elle ne se sent pas la force de « me gérer », comme elle le dit à ses amies en murmurant tout bas. Pendant ce temps, papa, qui peut profiter d'un « 35 heures » du fait que maman gagne autant que lui, se contente de me sermonner quand je dis un gros mot que je lui ai précédemment entendu dire. De temps en temps, il me raconte des blagues, mais je ne suis pas sûr qu'elles soient très chrétiennes ! Puis, il m'accompagne au sport ! Vive les RTT ! Côté tâches ménagères, il passe l'aspirateur presque tous les jours, mais bizarrement, il est beaucoup plus rapide que maman à cet exercice ; peut-être parce qu'il « oublie » de passer sous les meubles et le canapé ! C'est maman qui doit « s'y coller », avec presque tout le reste, ce qui l'énerve beaucoup ! Il faut sûrement que j'accepte qu'elle soit débordée et me sacrifie, car c'est important la reconnaissance sociale et le statut qui l'accompagne, … Mais il y a un truc qui m'échappe : si c'est la société qui nous donne notre valeur, à quoi sert notre identité en Christ ?

Je crois que maman et papa devraient la rechercher. Maman enverrait valser tout ce tas de mensonges sur la reconnaissance sociale et tant d'autres choses qui vont avec, et elle aurait du temps pour elle et pour se retrouver avec Jésus. Du coup, elle saurait que c'est merveilleux de prendre soin des siens et pareil pour papa !

Ah si je pouvais remonter le temps et revivre ces instants où elle avait le temps de me dire « je t'aime », c'était si merveilleux… Mais bon, c'est du passé. Aujourd'hui j'ai onze ans, je suis en 6e et, toutes les semaines, mon oncle (qui n'est pas chrétien) me dit : “ alors mon grand, t'as une chérie ? Peut-être même 2 !? ” Et là, il ricane avec mon père qui lui, rit jaune, sans trop oser “ l'ouvrir ” ».

Ce qui suit est pour les mères. Mes amies, en plus de l'appel principal du Seigneur qui consiste à s'occuper des enfants et à gouverner votre maison, si vous avez reçu la conviction d'être appelée à servir en exerçant un emploi à l'extérieur de la maison, amen ! Mais ne le faites pas à la façon humaine. La Bible nous explique comment s'y prendre par le biais du très bel exemple de la femme vertueuse. Elle travaillait en tissant des chemises pour les vendre (Proverbes 31). Mais quelle était la première chose qu'elle faisait chaque matin ?

« Elle se levait lorsqu'il faisait encore nuit, et elle distribuait la nourriture à sa famille, et la tâche à ses servantes. » (v.15)

Avant de s'inquiéter des tâches à l'extérieur, elle veillait à ce que chacun reçoive bien sa nourriture et, en même temps, elle donnait les ordres à ses servantes.

La femme vertueuse, qui aujourd'hui fait tant peur à de nombreuses femmes chrétiennes qui ont tendance à culpabiliser, ne faisait rien toute seule. Elle avait certes un emploi, mais dans sa maisonnée dont **elle était la gouvernante**, elle déléguait le travail, et pas à n'importe qui. Elle confiait ses tâches à des servantes qui lui devaient respect et obéissance. Elle était sûre que le travail serait accompli selon ses ordres et désirs et que ses enfants recevraient la nourriture qu'**elle** avait préparée. Autrement dit, ses enfants recevaient l'éducation selon ses préceptes et ses servantes devaient se soumettre à ses manières de faire. Elle pouvait donc sereinement aller tisser ses chemises à l'extérieur.

Ce que j'essaie de dire, mes amies, c'est de bien réfléchir avant d'alourdir considérablement votre charge mentale qui est déjà bien pleine. Psychologues et sociologues s'accordent tous pour dire que les activités d'une femme tournent autour de plusieurs domaines. Une étude révèle que la charge mentale d'une femme est 2 fois plus élevée que celle des hommes.[15] (Euh ! On se calme, messieurs, je ne parle pas de QI, je parle de gérer plusieurs activités en même temps.)

Bref ! Mesdames, si vous sentez que Dieu vous appelle à Le servir en dehors de votre maison, amen ! Mais rappelez-vous que Dieu est un Dieu d'ordre et d'équilibre et que Sa volonté n'est pas que vous soyez surchargées au point de faire un « burn out » ou de négliger le reste. Apprenons à déléguer de manière à ce que nos ordres soient respectés, sachant que la femme vertueuse déléguait complètement ses tâches domestiques et qu'elle était honorée dans sa maison. Son mari plaçait la vertu et la conduite de son épouse au-dessus de celles de toutes les autres femmes. Il ne la traitait pas de fainéante sous prétexte qu'elle entendait déléguer ses travaux ménagers.

Au tour des messieurs. Mes frères, que nous dit la Parole à votre sujet ? L'homme est la gloire de Dieu (1 Corinthiens 11). Amen.

Le mot **gloire** en grec est doxa qui signifie, entre autres, **rayonnement**.

En cours de physique, les professeurs apprennent à leurs élèves que si l'on peut voir la lune, ce n'est pas grâce à elle, mais **grâce à la lumière du soleil qui l'inonde**. Ainsi inondée de lumière, elle rayonne d'un éclat si intense qu'elle peut éclairer la terre en pleine nuit. J'espère que la métaphore est suffisante pour expliquer que l'homme, inondé de l'amour de Dieu, peut rayonner si intensément qu'il va éclairer son épouse qui, à son tour, rayonnera de cette lumière divine.

---

[15] Source : La charge mentale, le syndrome des femmes épuisées d'avoir à penser à tout. http://www.acrf.be/wp-content/uploads/2018/08/acrfana_2018_15_syndrome_femmes_%C3%A9puis%C3%A9es_DH.pdf

Mais que se passe-t-il lorsque les hommes refusent de rayonner la lumière de Dieu et qu'ils n'éclairent pas leur entourage ? **Les épouses ne peuvent être inondées de lumière et elles sont donc éteintes. Oui, éteintes.** Seulement, tout comme la terre a besoin de lumière, les épouses ont elles aussi besoin de lumière, sans quoi elles seront frustrées et iront chercher à briller autrement, c'est-à-dire de toutes les façons mondaines possibles pour trouver cette fameuse et fichue reconnaissance sociale !

Messieurs, si vous rejetez cette position si glorieuse qu'est la vôtre en tant que conducteur, protecteur et pourvoyeur bienveillant de votre épouse sous la houlette du Saint-Esprit, vous rendrez difficile l'unité de votre couple pour accomplir la mission de Christ.
Le rapport de cause à effet est immédiat car, en refusant de vous consacrer entièrement à Dieu faute d'être amoureux de Jésus, vous faites clairement comprendre à votre vis-à-vis que c'est votre chair et ses convoitises que vous souhaitez les voir servir. Mais au fait, en donnant votre vie à Christ, ne vous êtes-vous pas engagés à clouer votre vieil homme sur le bois du Calvaire et à faire mourir votre chair ? Par conséquent, ce serait un non-sens que d'inciter votre épouse à entretenir vos convoitises qui sont inimitié contre le Père (Romains 8.7). Car en agissant ainsi, elle vous placerait au-dessus de Dieu et ferait de vous une idole, ce qui, avouez-le, serait très grave.
Si votre vision du couple est à ce point troublée, sachez que vos épouses souffriront car leur crainte de Dieu les obligera, dans de chastes et vertueux discours, à vous résister tout en vous restant attachées. Elles auront le cœur déchiré entre le désir ardent d'obéir à la Parole et la tristesse de savoir que cette obéissance vous contrariera. Votre rébellion sera un obstacle à l'exaucement de vos prières (1 Pierre 3).

Pour les plus bénis d'entre vous que Dieu a voulu unir à une Yaël[16] en

---

[16] Voir le livre des Juges, chapitre 4 :
Lorsque Barak refusa de combattre, allant à l'encontre du conseil de la prophétesse Déborah, cette dernière prophétisa sur Yaël. Yaël est la seule femme de la Bible dite « bénie d'entre les femmes » (Juges 5.24) alors que la mère de notre Sauveur, elle, est « bénie d'entre **toutes** les femmes ». Yaël, courageuse, fracassa le crâne de Siséra. Notez qu'elle ne lui a pas transpercé le cœur, mais le crâne. En agissant ainsi, ce sont les raisonnements humains qu'elle entendait fracasser ; ce qui ne manque pas d'évoquer le « lieu du crâne » (Golgotha) où notre Sauveur fut crucifié, « scandale pour les Juifs et folie pour les païens » (1 Corinthiens 1.23). Ainsi Barak, murmurant et refusant d'entrer dans son appel, a vu la gloire qui lui était destinée être remise à une femme.

puissance, il se produira ce que Déborah a prophétisé : la gloire qui devait tomber sur un homme retombera sur une femme…

Messieurs, ce n'est pas le plan de Dieu de vous retirer la gloire qu'Il vous a conférée depuis la création de l'homme mais, si vous la rejetez, il se pourrait que Dieu se lève une armée de guerrières.

A l'inverse du soleil dont la lumière réfléchie perd progressivement de son éclat, la Lumière de Dieu, Elle, rayonne autant de fois que nécessaire sur Son peuple. Elle n'est pas limitée, Elle est toujours aussi resplendissante et se multiplie à l'infini… C'est pourquoi Jésus déclare : « Vous êtes la lumière du monde. » (Jean 9.5)

Je ne m'étendrai pas sur les hommes qui, par manque d'enseignement, s'engagent dans le mariage pour tout un tas de raisons sauf les bonnes. Ils ont à la bouche les mêmes mots que prononcèrent les disciples de Jésus « si telle est la condition de l'homme à l'égard de la femme, il n'est pas avantageux pour l'homme de se marier » (Matthieu 19.10).

Cette phrase a été prononcée il y 2000 ans et la situation du couple semble encore pire aujourd'hui, car les femmes répudiées de l'époque conservaient au moins leur dignité. Combien aujourd'hui, après avoir tout essayé pour sauver leur mariage, sont face à un divorce et ont perdu ce que personne n'a le droit de leur prendre : leur identité et leur dignité.

C'est un discours que l'on entend de plus en plus dans les assemblées qui veulent faire de la « relation d'aide » auprès des couples en difficulté. Le mari veut enfin vivre « la vraie vie » (d'après les standards humains) et abandonner son épouse. Puis, des conseillers formés à la relation d'aide dans leur assemblée interpellent cette dernière en lui disant : « Si tu fais ce qu'il faut, si tu lui donnes ce qu'il veut…, peut-être qu'il changera d'avis ». Quelle horreur ! Pourquoi n'irait-on pas plutôt voir le mari pour lui rappeler ses engagements et sa promesse ?

Sous la Nouvelle Alliance, les hommes, qui sont la gloire de Dieu, sont appelés à s'attacher à Christ afin de pouvoir aimer leurs épouses **comme** Christ a aimé l'Église, c'est-à-dire **d'un amour sacrificiel.** Quant aux femmes, elles doivent puiser leur identité en tant que « filles du Très-Haut » en Christ Lui-même, afin d'être bien affermies et affranchies du besoin de rechercher un statut social fondé sur des critères humains si fades, asservissants et indignes de leur vraie nature. Ainsi, ces épouses établies en Christ pourront se tenir aux côtés de leur mari et le soutenir, et le couple sera uni sous le joug de l'alliance du mariage pour servir Christ et non les convoitises de leur époux. Puisque la chair de chaque enfant de Dieu est désormais clouée au bois du Calvaire, les femmes comme les hommes ne peuvent ni ne doivent s'y soumettre. « **Or ceux qui sont de Christ, ont crucifié la chair avec ses affections et ses convoitises** » (Galates 5:24).

Dans un tel contexte, les enfants apprendront dès leur enfance à connaître Dieu, à Lui obéir et à faire de Lui leurs délices, à expérimenter la puissance de la prière avec le Saint-Esprit et, tout naturellement, à honorer leurs parents. Ils n'auront plus peur de l'avenir comme c'est le cas de nombreux jeunes aujourd'hui qui, pour beaucoup, ont recourt au suicide, la deuxième cause de mortalité parmi les jeunes adultes.

La famille ainsi réunie pourra tendre vers un même but, servir le Père pour la cause de Christ.

Ne vous y trompez pas : si vous résumez votre intimité avec Dieu à tout ce qui sert votre chair et à tout ce qui vous donne bonne conscience, vous passez à côté du vrai message de la dîme. Je remets cette analyse à votre appréciation, sachant que vous êtes en mesure de sonder les motivations de votre propre cœur.

N'oublions pas que :

- L'Ancienne Alliance est une ombre des choses à venir ;
- La Parole de Dieu s'analyse dans son ensemble ;
- Nous devons examiner tous les enseignements que nous recevons à la lumière de la Parole afin de discerner ce qu'il est bon de retenir pour demeurer fidèles à Christ ;
- Devant le Père qui a tout donné pour que nous soyons affranchis et qui a fait de nous un Royaume de sacrificateurs, nous ne pourrons nous justifier en prétendant que c'est notre pasteur qui nous a enseigné d'une certaine manière. Bien que ce dernier sera jugé plus sévèrement s'il a dilué ou modifié la Parole de Dieu et mené les âmes à la perdition, nous serons

nous aussi jugés d'avoir choisi la facilité en acceptant de croire à des mensonges alors que les Écritures nous enseignent à examiner toute chose. Jésus, nos prémices et notre modèle, nous enjoint de Lui apporter le meilleur et à Le mettre en premier en tout, par amour.

C - Notre corps, le temple du Saint-Esprit

« Ne savez-vous pas que votre corps est le temple du Saint-Esprit, qui est en vous, et qui vous a été donné de Dieu, et que vous n'êtes point à vous-mêmes ? Car vous avez été achetés à un grand prix ; glorifiez donc Dieu en votre corps et en votre esprit, qui appartiennent à Dieu. » (1 Corinthiens 6.19-20)

La véritable dîme, c'est de nous rappeler chaque jour que notre corps n'est plus à nous, mais au Royaume de Dieu (1 Corinthiens 6.15). N'acceptons plus de céder aux désirs de notre chair (Romains 8.8-9) qui avilit et nous rend esclave subrepticement mais sûrement d'un autre maître… (2 Pierre 2.19), alors que l'Esprit de Dieu, Lui, vivifie et nous entraîne vers la vraie liberté en Christ. Nous ne pouvons servir deux royaumes : celui de la chair et celui de Dieu (Galates 5.17) ; car, nous n'ignorons pas les plans de notre adversaire qui veut nous dévorer, nous anéantir (2 Corinthiens 2.11). Il lui est plus facile de s'attaquer aux plus faibles (Deutéronome 25.17-18). Or la Bible déclare que tout royaume divisé contre lui-même ne peut subsister ; nous sommes affaiblis et l'ennemi peut nous « achever » (Marc 3.24). Sachons donc nous soumettre humblement sous la main puissante de Dieu en Lui livrant nos corps comme un culte agréable, résistons à l'ennemi et il fuira loin de nous (Jacques 4.7). C'est notre combat de lier l'homme fort (qu'est notre chair) en nous (Romains 7.23). Nous choisissons alors de marcher dans l'Esprit (Romains 8.1).

Dans Galates 5, Paul nous exhorte : « **16**Je [vous] dis donc : marchez selon l'Esprit; et vous n'accomplirez point les convoitises de la chair. **17**Car la chair convoite contre l'esprit, et l'esprit contre la chair; et ces choses sont opposées l'une à l'autre ; tellement que vous ne faites point les choses que vous voudriez. **18**Or, si vous êtes conduits par l'Esprit, vous n'êtes point sous la loi. **19**Car les œuvres de la chair sont évidentes, lesquelles sont l'adultère, la fornication, la souillure, l'impudicité,

20l'idolâtrie, l'empoisonnement, les inimitiés, les querelles, les jalousies, les colères, les disputes, les divisions, les sectes, **21**les envies, les meurtres, les ivrogneries, les gourmandises, et les choses semblables à celles-là ; au sujet desquelles je vous prédis, comme je vous l'ai déjà dit, que ceux qui commettent de telles choses n'hériteront point le Royaume de Dieu. **22**Mais le fruit de l'Esprit est la charité, la joie, la paix, un esprit patient, la bonté, la bienveillance, la fidélité, la douceur, la tempérance. **23**La loi n'est point ces choses. **24**Or ceux qui sont de Christ, ont crucifié la chair avec ses affections et ses convoitises. »

Si ton esprit est à Dieu mais que ta chair, c'est-à-dire ton corps et ton âme, sont au diable, tu es comme un royaume divisé et tu es faible. N'essaie même pas de combattre tout seul, car tu vas « te payer un mur ». Jésus dit : « Sans moi, vous ne pouvez rien faire. » Amen ! Merci, Jésus d'Amour ! Tes forces et ta capacité sont en Lui seul ; en toi il n'y a rien de bon, tout est pourri (Esaïe 1.6). Mais il Lui a plu de faire de nos corps, vases de terre si fragiles, des vases d'honneur en venant habiter en nous. N'attristons donc pas le Saint-Esprit et permettons-Lui de prendre toute la place.

J'ai beaucoup parlé du manque d'amour qui pousse les frères et sœurs en Christ à fermer leur cœur aux besoins des plus démunis et à demeurer passifs face aux perdus. J'ai évoqué le fait que beaucoup de pasteurs sont l'objet d'idolâtrie. J'ai mentionné le désir de plusieurs d'entre eux de maintenir les âmes dans un esprit de religiosité en les « étouffant[17] » sous leur contrôle…

Mais on ne saurait traiter correctement l'apostasie dans les assemblées chrétiennes sans aborder le thème qui amène l'apôtre Paul à reprendre si souvent les chrétiens de l'Église primitive. Je vais volontairement m'attarder sur le principal sujet abordé dans tous les textes ci-après que je vous invite à reprendre et à méditer car, si ce thème revient si fréquemment dans les Écritures, c'est qu'il est important pour notre

[17] Les animaux étouffés mentionnés en actes 15.20 représentent la capacité de tuer quelqu'un sans qu'il y ait effusion de sang. Ainsi la personne meurt sans qu'il y ait de signe extérieur visible. Elle s'éteint lentement mais surement. La religiosité diffusée par des « pasteurs PDG » qui veulent dominer par l'esprit de contrôle, prive les âmes de la présence de Dieu. Cela ne se voit pas mais la mort est bien réelle. Peu à peu la religiosité affaiblit le croyant qui privé de la Vie de l'Esprit meurt étouffé.

Maître et devrait l'être tout autant pour nous. Il s'agit de l'impudicité que certains chrétiens s'autorisent et qui touche le Corps de Christ.

Prenons donc les passages suivants : 1 Corinthiens 6.9-20 ; Galates 5.19-23 ; Éphésiens 4.17-25 et 5.3-5 ; Colossiens 3.5 ; 1 Thessaloniciens 4.3-7, Jude, Apocalypse 22.11, etc. Pour les besoins de notre étude, je me pencherai particulièrement sur les deux premiers textes cités (1 Corinthiens 6.9-20 et Galates 5.19-23).

Certains d'entre vous se posent peut-être la question : « Quel rapport entre Malachie et ces autres références ? » Rappelez-vous que Malachie est directement lié à Néhémie, sachant que ces deux prophètes ont vécu à la même période : la fin du 5e siècle avant Jésus-Christ. Ces deux livres marquent le début d'une période de 400 ans pendant laquelle Dieu garde le silence. L'épitre aux Corinthiens est comme un copié-collé des versets 23 à 29 de Néhémie 13. Ce dernier reproche au peuple de Dieu de s'être uni à des étrangers et de les avoir imités en commettant péché sur péché conformément à la culture de leur ethnie.

Dans ces textes, on voit que la conduite des enfants de Dieu c'est-à-dire leurs fruits, témoignent de leur appartenance. En clair, selon nos actes et nos œuvres, on appartient soit au royaume des ténèbres, soit au Royaume de la lumière.

Pour vous situer, le deuxième temple venait d'être achevé, la dédicace de la muraille faite et le culte réinstauré. Bien que ces actes religieux aient été faits de manière officielle devant les hommes et les anges, cela n'a pas empêché le peuple de Dieu de retourner à ses œuvres iniques.
Encore une fois tout le rituel cultuel du temple n'est que symboles et images, c'est pourquoi Jésus pouvait déclarer : « Détruisez ce temple et en trois jours je le rebâtirai » (Jean 2.19). Conformément à Ses propos, Jésus est mort, Il est resté au séjour des morts trois nuits et trois jours, et à Sa résurrection, le temple éternel qu'est l'Église s'est incarné en Lui. L'Epouse pouvait enfin « naître de l'eau » sortie du côté percé de Son Epoux et « de l'Esprit » qui Lui était promis (Dialogue entre Nicodème et Jésus en Jean 3.4).

Dès lors, tous ceux et celles qui reconnaissent Jésus comme leur sauveur personnel font partie intégrante de ce temple. Le Saint-Esprit habite en eux, ils sont les membres du corps de Christ dont Jésus est la tête. Ils sont morts à eux-mêmes, morts à **toutes** les convoitises de la chair.

Rappelez-vous les Juifs dans le désert :

- La mort est passée au-dessus des linteaux badigeonnés de sang, ce fût leur première Pâque. En obéissant à Dieu, ils ont choisi la vie et accepté le salut ;
- Ils ont quitté l'Égypte à la hâte, tournant le dos à leur ancienne vie pour marcher main dans la main avec Dieu à contre-courant du monde ;
- Ils ont mangé des pains sans levain, renonçant aux souillures du monde ;
- Ils ont traversé la mer et sont ainsi passés par le baptême d'eau ;
- Ils ont suivi Moïse, qui était leur guide (comme le Saint-Esprit est devenu le nôtre), puis…
- Ils ont désobéi et sont retournés « à leur vomi » en se construisant un veau d'or !

Conséquence : Leurs cadavres sont tombés dans le désert selon ce que Dieu avait déclaré et juré lorsqu'Il vit leur désobéissance : « ils n'entreront pas dans mon repos ». Seuls Josué et Caleb furent épargnés car ils ont cru à la promesse du Seigneur.

Il en va de même pour chacun de nous en tant qu'enfant de Dieu :

- Nous acceptons le salut en Jésus ;
- Nous recevons la Parole (Jean 1.1), la Vie (Jean 1.4), la Lumière (Jean 1.5), la Parole faite chair à savoir Christ (Jean 1.14) ;
- Nous prenons alors conscience que nous ne désirons plus vivre pour nous-mêmes, mais pour nous offrir à Dieu. Nous réalisons que ce changement ne vient pas de nous, mais qu'il est le fruit de la nouvelle naissance ;
- Obéissants à l'ordre de notre Sauveur, nous prenons notre baptême d'eau ;

- Nous persévérons dans les enseignements de Jésus ;
- Nous comprenons que le baptême de feu nous est indispensable pour vivre la vie de l'Esprit et l'obéissance à Dieu, alors nous le réclamons car le combat entre la chair et l'esprit est rude et nous ne pouvons rien faire seul.

Cette énumération ne respecte pas d'ordre précis. Quoiqu'il en soit, si nous refusons de marcher par l'Esprit, nous produirons des œuvres iniques et nous retomberons dans la boue du péché. C'est pourquoi Jésus déclare en **Matthieu 8.12** : « Mais les fils du royaume seront jetés dans les ténèbres du dehors, où il y aura des pleurs et des grincements de dents. ». Dans ce passage il est bien question de ceux qui devaient hériter le Royaume. Dans la première épitre aux Corinthiens, l'auteur nous explique que tout ce qui est arrivé aux Hébreux au désert est là pour nous servir d'exemple.

Dès lors que nous acceptons le salut par grâce, l'apôtre Paul nous exhorte à **« offrir [nos] corps** comme un sacrifice vivant, saint, agréable à Dieu, ce qui sera de [notre] part **un culte raisonnable… »** (Romains 12.1).

Christ est le même hier, aujourd'hui et demain. Ce que Paul a prêché il y a 2000 ans sous l'inspiration du Saint-Esprit s'adresse aussi à nous aujourd'hui ! Le culte agréable à Dieu, c'est l'offrande de nos corps sanctifiés. Du moment où nous désirons et cherchons à plaire à Dieu, nous savons que Christ nous aide à devenir et à être cette offrande qui Lui est agréable et à faire de nos corps et de notre vie un culte raisonnable.

Revenons maintenant aux épitres aux Corinthiens et aux Galates où Paul souligne l'état de dépravation morale dans laquelle les assemblées (de culture hellénistique[18]) s'étaient installées, dépravation qui était bien pire que chez les païens ! Fidèle à lui-même, Paul leur annonce sans détour :

« **9**Ne savez-vous pas que les injustes n'hériteront point le Royaume de Dieu ? **10**Ne vous abusez point ; ni les impurs, ni les idolâtres, ni les

[18] La Galatie est une région qui tire sa culture des Grecs. Les historiens la nomment la « Gallo-Grèce » car les Gaulois s'y étaient installés en cohabitant avec des Grecs. http://www.cosmovisions.com/histGalatie.htm

adultères, ni les efféminés, ni les infâmes, ni les larrons, ni les avares, ni les ivrognes, ni les médisants, ni les ravisseurs n'hériteront le Royaume de Dieu. » (1 Corinthiens 6.9-10)

« Or, les œuvres de la chair sont manifestes, ce sont : l'adultère, la fornication, l'impureté, la dissolution, **20**l'idolâtrie, les enchantements, les inimitiés, les querelles, les jalousies, les animosités, les disputes, les divisions, les sectes, **21**les envies, les meurtres, les ivrogneries, les débauches, et les choses semblables. Je vous dis d'avance, comme je vous l'ai déjà dit, que ceux qui commettent de telles choses, n'hériteront point le royaume de Dieu. » (Galates 5.19-21)

Dans ce passage, Paul emploie tellement de qualificatifs pour décrire **le manque de maîtrise** des « chrétiens » partisans du « **tout est permis** ». Il déclare carrément que ceux-ci n'entreront pas dans le Royaume de Dieu. Ils préfèrent être asservis car, endormis et paresseux qu'ils sont, ils ne se donnent pas la peine de lier l'homme fort[19]. Paul leur rappelle l'état dans lequel plusieurs d'entre eux se trouvaient avant de connaître Christ et les exhorte à ne surtout pas retourner à leur ancienne manière de vivre.

Pour bien comprendre contre quoi Paul doit se battre, il serait utile d'analyser l'histoire culturelle de Corinthe ainsi que celle des autres villes grecques.

En Grèce, avant de prendre épouse, il était coutume qu'un homme attende d'avoir un certain âge. La société hellénistique était fondée sur le système patriarcal. De fait, un grand écart d'âge devait obligatoirement exister entre l'époux et la très jeune épouse. Il était entendu que « prendre épouse » signifiait choisir une femme honorable qui, étant très jeune, obéirait aux directives de son époux bien plus mature et lui donnerait une descendance. **Mais**, en attendant d'avoir cet âge de raison, la coutume voulait que le jeune homme fréquente concubines, prostituées et « mignons » (qui n'ont rien à voir avec les gentils petits mignons de « Moi moche et méchant »).

---

[19] Jésus déclare pourtant : « Et quiconque **ne porte pas sa croix**, et ne me suit pas, **ne peut être mon disciple** » Luc 14.27

Pour répondre à son incontinence sexuelle, le jeune homme avait donc le droit de s'adonner librement à toutes sortes de pratiques sexuelles. Inutile d'en dire plus à ce propos, mais que peut bien être un « mignon » ?

C'était un **très** jeune homme **pré pubère** qui livrait son corps à la convoitise de ses aînés masculins dans le but d'assouvir leur sexualité dépravée. Lorsque vous étudiez l'histoire de la Grèce antique, il est expliqué que cette relation pédérastique servait à l'éducation sexuelle de « l'aimé » qui était formé par son « amant ».

La règle était la suivante : le jeune homme ne devait pas avoir de système pileux développé, et quand la pilosité commençait à se développer, certains faisaient épiler leur « mignon » pour avoir le droit de poursuivre leurs échanges dégoûtants.

Une fois bien marié, l'époux continuait de fréquenter concubines, prostituées et mignons[20]...
La très jeune épouse, quant à elle, demeurait une femme honorable qui était respectée de son mari, elle ne lui livrait en aucun cas son corps pour qu'il en fasse un objet sexuel.

Que se passait-il donc quand certains de ces hommes recevaient le salut ?

« Ciao » les concubines, « ciao » les prostituées, « ciao » les mignons !

Au fil du temps, un manque d'attachement à Christ les empêche de lier l'homme fort, de ce fait leurs manies[21] illicites (contre-nature)

---

[20] Étymologiquement, le mot pédérastie est une transposition du grec ancien παιδεραστής /paiderastès, mot forgé sur παῖς / paîs « enfant » (implicitement mâle) et ἐραστής / erastḗs « amant ». Cette notion désigne l'amour d'un adulte pour un jeune garçon, impliquant un sentiment plus fort que l'amitié (φιλία / philia).... l'analyse à propos d'Homère : le désir, chez l'aîné, de s'affirmer aux yeux de son aimé, de briller devant lui, le désir symétrique chez le cadet de se montrer digne de son amant, ... Cf. les sources : /www.lettresvolees.fr André Gide - Les Faux-monnayeurs - La pédérastie en Grèce antique www.lexpress.fr r/actualite/societe/sexualite/l-amour-au-temps-des-grecs-et-des-romains ; www.lesdokimos.org/fr/blog/2012-11-20-le-chretien-et-la-sexualite/

[21] SENS COURANT **:** Goût excessif, déraisonnable (pour quelque chose). Synonymes : passion.

resurgissent pour s'installer dans les couples chrétiens. Tant pis pour l'honorabilité de madame…

Malheureusement, le contexte des assemblées d'aujourd'hui ressemble énormément aux mœurs de la Grèce antique. Les chrétiens ont bien compris qu'avoir des relations sexuelles hors mariage déshonore le corps de Christ, mais ceux qui sont bien mariés ont commencé à faire rentrer la pornographie dans l'alliance du mariage, refusant de reconnaître qu'à leur tour, ils déshonorent le corps de Christ. Les relations extraconjugales ne sont plus, mais la pornographie intraconjugale est devenue admise.

En effet, de nombreux couples chrétiens mariés pensent qu'ils :

- peuvent fermer la porte de leur chambre et que Dieu reste sagement dehors à attendre qu'ils aient terminé… ; ou,
- au contraire, que tout leur est permis, vraiment et absolument tout, ils s'adonnent donc à toutes sortes de pratiques, même celles qui détruisent le temple du Saint-Esprit.
- Le pire que j'ai entendu[22] c'est : sachant que Dieu demeure au centre du couple et en chaque croyant, ils peuvent faire un usage illicite soit contre-nature de leur corps, et au moment où leur chair est en extase, ils devraient louer Dieu et parler en langues pendant qu'ils font de leur corps un instrument de péché en s'adonnant à la souillure et à la dissolution.

AU SECOURS SEIGNEUR ! Aie pitié de tes enfants et réveille-nous, Père Céleste !

Trop souvent, les chrétiens se trompent eux-mêmes en pensant que les passages qui invitent à la pureté s'adressent uniquement aux célibataires. N'importe quoi ! En quoi un célibataire est-il plus tenté qu'un homme marié ? On a si souvent rattaché le mot fornication aux relations hors mariage que cette piètre compréhension du terme a fini par fausser

[22] Des enseignements abominables circulent sur le net. Ils sont malheureusement dispensés par des pasteurs qui sont eux-mêmes en charge de la formation de pasteurs stagiaires. Quel tragique effet domino !

l'enseignement de l'apôtre Paul qui adresse son exhortation à **tous** les chrétiens.

Une étude[23] a fait le triste et accablant constat que 68% des chrétiens se livrent à la pornographie, 90% de nos jeunes y sont confrontés dès l'âge de 12 ans. Et plus inquiétant encore, 50% des pasteurs sont de réguliers consommateurs du « porno ». Il n'est pas étonnant que ces derniers diluent leurs enseignements sur le sujet puisqu'eux-mêmes n'ont pas conscience du besoin urgent qu'ils ont de se repentir, sachant que la repentance est le seul chemin qui mène à la délivrance.

Pourtant la Bible annonce sans détour que celui qui annonce un autre évangile soit anathème (Galates 1.9-10). « Et maintenant, est-ce la faveur des hommes que je désire, ou celle de Dieu? Est-ce que je cherche à plaire aux hommes? Si je plaisais encore aux hommes, je ne serais pas serviteur de Christ. »

Pour revenir aux couples mariés, je souligne de nouveau l'importance d'analyser la Bible dans son ensemble.

« Que le mariage soit honoré de tous, et le lit conjugal exempt de souillure, car Dieu jugera les impudiques et les adultères. » (Hébreux 13.4)

Ce passage s'adresse uniquement à des couples mariés. Ici, Dieu nous enjoint d'honorer le mariage et de ne pas en faire une scène de théâtre pornographique, car Il jugera d'une part les impudiques et d'autre part, les adultères.

Notez donc qu'ici, Dieu annonce qu'Il se chargera de juger et les adultères qui ont des relations extraconjugales (*moichos* en grec) et ceux qui sont fidèles à leur époux, **mais qui pratiquent l'impudicité** (pornos en grec). Pourtant, certains oseront encore dire que si les deux époux sont d'accord, « tout leur est permis ». On sait maintenant ce que Dieu en pense.

---

[23]Source : Les documents « Expériences » : Un autre regard sur le monde », revue N°191 de juin 2018.

Les couples chrétiens d'aujourd'hui se sont adonnés à des pratiques sexuelles que l'on ne rencontrait auparavant que chez les prostituées, les homosexuels, les lesbiennes, les concubines et les mignons.

Toutes ses dérives sont le fruit d'un faux enseignement ou d'un manque d'enseignement qui entraîne l'absence de maîtrise de soi ou un asservissement à autrui. Mais dans les deux cas, il s'agit d'un esclavage.

Paul est très clair : ton attachement à Christ entraîne obligatoirement un changement d'attitude. Cela explique pourquoi il dit aux personnes déjà mariées à des non-croyants : « si votre conjoint **consent** à vivre avec vous, ne le rejetez pas ! » (1 Corinthiens 7.12)

Ce verbe consentir est extrêmement important puisqu'il signifie littéralement « accepter ». Ce verset pourrait se lire ainsi : **si votre conjoint accepte votre nouvelle façon de vivre** (c'est-à-dire votre renoncement aux œuvres de la chair), ne le rejetez pas ! Si le conjoint doit consentir à votre conversion, c'est qu'il y a effectivement eu un changement qui s'est opéré en vous. Puis, Paul ajoutera, mais s'il refuse, ne le retenez pas. **Il ne dit pas** : s'il refuse, faites des compromis et prostituez votre corps pour répondre à ses convoitises et le retenir, car le mariage est sacré aux yeux du Créateur[24]. Le non-chrétien qui refuse le changement a le droit de partir, laissant celui qui est à Christ poursuivre sa sanctification. En revanche, si le non-croyant décide de rester, c'est qu'il accepte la nouvelle vie de son partenaire et son chemin de sanctification. Paul ajoute donc « car le non-croyant est sanctifié par le croyant. Car Dieu nous appelle à vivre en paix car, que sais-tu, femme, si tu sauveras ton mari ? Ou que sais-tu, mari, si tu sauveras ta femme ? » (1 Corinthiens 7.15-16)

Paul insiste tellement sur l'importance de la pureté et de la chasteté qu'au verset 18 de 1 Corinthiens 6 il déclare : « Fuyez la fornication. Quelque autre péché qu'un homme commette, est hors du corps ; mais celui qui commet la fornication, pèche contre son propre corps. »

[24] Luc 14.26 : « Si quelqu'un vient à moi, et s'il ne hait pas son père, sa mère, **sa femme**, ses enfants, ses frères, et ses sœurs, et même sa propre vie, il ne peut être mon disciple. »

Le mot fornication vient du latin fornix qui est la traduction de porneïa en grec. Les deux signifient « voûte »[25] car, c'est sous les voûtes des temples que les prêtresses vendaient leurs corps. C'est vraiment très intéressant :

Voûte donne le verbe se voûter, qui donne s'incliner, abdiquer, renoncer devant ce qui a triomphé de soi (2 Pierre 2.19).

Le mot fornix tire lui-même sa racine de *fornax* qui signifie le four dans lequel étaient cuits les grains. Le four devait être bien chauffé. Ainsi, le paganisme, qui existait à l'époque de l'Ancienne Alliance et de l'église primitive, a donné ces significations au mot « fornication » qui signifie réellement avoir ses sens échauffés au point de perdre la maîtrise de soi en s'inclinant et en voûtant son corps pour le soumettre à la convoitise de ses sens.

Paul dira : « **12**Tout m'est permis, mais tout n'est pas utile ; tout m'est permis, **mais je ne me laisserai asservir par quoi que ce soit. 13**Les aliments sont pour le ventre, et le ventre pour les aliments ; et Dieu détruira l'un comme les autres. Mais le corps n'est pas pour l'impudicité. Il est pour le Seigneur, et le Seigneur pour le corps… » (1 Corinthiens 6.12-13).

Paul explique que si nous perdons la maîtrise de soi, c'est comme **abdiquer devant le péché et celui qui en est le maître, c'est-à-dire Satan**. L'apôtre nous exhorte à ne jamais nous voûter, nous incliner, nous prostituer.

Nous savons maintenant que l'impudicité renferme toutes les formes de relations sexuelles illicites. Illicite signifie qui ne respecte pas la loi (celle de Dieu bien sûr). Cela renferme la sexualité hors mariage mais aussi toute pratique contre nature qui déshonore nos corps qui sont maintenant le temple du Saint Esprit.

Dans Actes 15-20, la Parole nous renseigne sur 4 éléments dont nous devons nous abstenir[26] dès notre appartenance à Jésus, à savoir :

---

[25] Source : site Béréennes Atttitudes et Wikipédia

[26] Dans les textes originaux, le mot en grec utilisé est « apechomai » qui signifie : se tenir loin, renoncer, se contenir.

l'idolâtrie, l'impudicité, les animaux étouffés et le sang. Le renoncement à ces 4 points ne sera pas le processus d'un long cheminement mais le fruit d'une décision éclairée par la Vérité de la Parole, mise en action par notre volonté propre désireuse de plaire au Seigneur.

Je me rappelle des paroles suivantes de Colin Urquhart :
« Un chrétien charnel est une personne qui a été mal évangélisée ».
Nous devons veiller les uns sur les autres.

Considérez attentivement la définition de l'impudicité d'après le dictionnaire Strong à partir de mots dont la racine est proche, afin de comprendre réellement ce à quoi le chrétien s'expose lorsqu'il livre son corps (consacré à Christ) et celui de son conjoint à des actes impudiques.

Porneïa tire son origine de porneuo. Porneuo provient de porne, qui vient de pornos, qui vient de piprasko[27], qui vient de peran. Impudicité, impudique, etc. tirent leur origine de tous ces dérivés.

Porneïa signifie :
1er sens : Relation sexuelle illicite :
Adultère, fornication, homosexualité, mœurs d'une lesbienne, relation avec des animaux, etc. ;
Relation sexuelle avec un proche parent (Lévitique 18) ;
Relation sexuelle avec un ou une divorcée (Marc 10.11 et 12) ;

Au sens métaphorique, il s'agit d'un culte des idoles :
De la souillure de l'idolâtrie, provenant de la consommation de sacrifices offerts aux idoles.

Porneuo signifie :
Prostituer son corps à la convoitise d'un autre ;
Se livrer à une relation sexuelle illicite ;
Commettre la fornication ;
Permettre à un autre de nous conduire à l'idolâtrie.

Porne signifie : Prostitué(e), impudique.

Pornos signifie : Impudique.

---

[27] https://www.lueur.org/bible/hebreu-grec/strong/g4097

Piprasko signifie :
Maître à qui est vendu un esclave ;
Vendu au péché, entièrement sous le contrôle de l'amour du péché ;
De celui qui est obligé de se livrer entièrement à la volonté d'un autre.

Peran signifie :
Au-delà, de l'autre côté.

Avec ces mots, on pourrait écrire la phrase suivante :

Être apostat, c'est accepter de retourner de l'autre côté (à son vomi), pour livrer son corps entièrement à la volonté d'un maître, sa chair, qui aime le péché, dans le but de se prostituer à lui, en lui permettant de faire tout ce qu'il veut de ce corps et de le souiller de toutes les façons possibles.

Tous ces mots définissent une attitude indigne des fils et des filles de Dieu. Ils font tous échos à l'adultère, mais l'adultère envers qui ?

De nombreux chrétiens méconnaissent le vrai sens du mot impudicité dans la Bible. Trop souvent rattaché uniquement aux relations sexuelles hors mariage, les couples chrétiens mariés ne se sentent pas du tout concernés par ce péché car, disent-ils, « nous sommes mariés donc nous ne sommes pas adultères. »

Rappelons que devant les pharisiens (animés d'un esprit de religiosité), Jésus déclare que le seul motif de répudiation est l'adultère. C'est une métaphore que Jésus utilise ici pour expliquer que ceux de Son peuple qui sont adultères envers Lui, seront répudiés et ce n'est pas une couronne de gloire qu'ils recevront, mais un avis de divorce ! Et c'est bien ce que reçoivent les cinq vierges folles.

Etre adultère envers Christ, c'est accepter de se laisser asservir par la chair pour produire des œuvres iniques, c'est-à-dire contraires à la justice et à la loi de Dieu.

Le mariage ne nous protège pas de la souillure et de la dissolution ; toute personne qui s'adonne aux pratiques du monde commet un adultère envers son Epoux céleste puisqu'elle s'incline et se soumet aux désirs de sa chair (opposés aux désirs de Dieu). Se détournant volontairement de la Parole faute de La connaître et de la pureté acquise par le sang de Christ à la croix, cette personne devient ainsi adultère à l'égard de Christ et apostate à Ses yeux puisque son corps destiné à honorer Dieu seul se souille encore et encore. (Apocalypse 22.11)

Notons qu'il y a un très grand fossé entre :

- Se tromper de tout son cœur par méconnaissance de la Vérité. Puis, grâce à l'action du Saint-Esprit, être amené à la repentance pour produire des fruits qui ne l'attristent plus ; et,
- Penser que, puisque Dieu ne précise rien dans les Écritures (faute de ruminer La Parole en cherchant ardemment Son cœur à Lui) et que certains enseignants notoires encouragent l'impudicité sous le couvert du « tout est permis » au détriment du « tout n'édifie pas » et, qu'après tout, il faut bien vivre sa vie, alors vivons-la sans réserve en nous permettant absolument tout.

Les passages suivants nous éclairent à ce propos :

« **4**Adultères que vous êtes ! Ne savez-vous pas que l'amour du monde est inimitié contre Dieu ? Celui donc qui veut être ami du monde se rend ennemi de Dieu. **5**Croyez-vous que l'Écriture parle en vain? **C'est avec jalousie que Dieu chérit l'esprit qu'il a fait habiter en nous.** » (Jacques 4.4-6)

« Frères, vous avez été appelés à la liberté ; seulement ne prenez pas prétexte de cette liberté pour vivre selon la chair [...] » (Galates 5.13).

« Vous couriez bien : qui vous a arrêtés, pour vous empêcher d'obéir à la vérité ? Cette influence ne vient pas de celui qui vous appelle. Un peu de levain fait lever toute la pâte. » (Galates 5.7-9)

Dans ce passage, l'apôtre Paul explique clairement que ce n'est pas parce que le plus grand nombre avale des mensonges (un peu de levain fait monter toute la pâte), que le plus grand nombre a raison de délaisser la vérité. Avaler des couleuvres nous arrête dans notre course et, si nous sommes arrêtés, comment remporterons-nous le prix ? Si nous acceptons d'être stoppés dans notre course pour Dieu, c'est que nous acceptons de renoncer au prix. Concéder à de tels mensonges nous ramène une fois de plus à l'apostasie, c'est-à-dire au renoncement, à la rupture des fiançailles à Jésus, au divorce d'avec Lui. Entendez-vous la gravité de ces propos ? Prenons donc garde à nous-mêmes et que Dieu nous réveille de tout endormissement et léthargie spirituelle selon l'injonction de Paul :

« Ainsi, mes bien-aimés, comme vous avez toujours obéi, **travaillez à votre salut avec crainte et tremblement** » (Philippiens 2.12) ; réclamons le renouvellement de l'intelligence afin de comprendre la Parole (Daniel 12.10) pour faire partie des saints qui se sanctifient encore et non de ceux qui se souillent (Apocalypse 22.10-12). Amen.

Conclusion

La semaine dernière, j'ai posé la question suivante à mon fils cadet : « Qu'y a-t-il de plus dangereux pour les gens qui ne connaissent pas Christ ? » Mon fils me connaît. Il savait que les réponses habituelles sur la réalité du diable, de l'enfer, la méconnaissance de Dieu, etc. n'étaient pas la réponse que je cherchais, alors il a attendu que je réponde.

Je lui ai alors dit : « C'est nous, les chrétiens ! »

En effet, la tiédeur qui anime un grand nombre d'enfants de Dieu est meurtrière non seulement pour eux-mêmes, mais aussi pour le monde dans lequel ils sont censés briller.

J'étais à la fois triste et inquiète, comme dépassée, réalisant tout le travail qu'il y avait encore à accomplir au sein du peuple de Dieu. Heureusement, notre Dieu, Lui, n'est jamais surpris ni dépassé et Il ne se lasse jamais.

J'étais aussi en colère et me confiai à mon fils en lui disant : « En ce moment, j'ai en moi la même colère que j'ai ressenti lors de ma conversion… » Je m'explique.

Il y a 26 ans, alors que j'étais déjà de confession chrétienne, j'ai tourné le dos à la religion pour entrer dans une relation d'amour avec Jésus. J'ai alors commencé à mettre le nez dans la Parole de Dieu où j'ai à la fois découvert des choses merveilleuses et des choses effrayantes.

J'ai découvert que le mensonge, lorsqu'il atteint l'effet de masse, peut devenir **plus réel** que la Vérité. J'ai alors été en colère contre tout « le personnel » de la religion en question. Je me disais : « Comment des hommes qui prétendent servir Dieu peuvent-ils mentir et embarquer dans leur sillage toutes ces âmes, sans leur donner la moindre assurance du salut ? » Je me sentais frustrée, en colère et impatiente, comme si quelqu'un devait se lever car il fallait vraiment que les choses changent.

Aujourd'hui, 26 ans plus tard, je suis en colère contre tous les faux pasteurs qui entraînent derrière eux des milliers, voire des millions d'âmes dans la mort à force de diluer les enseignements.

Qu'est-ce qui nous distinguent des autres confessions religieuses ? Nos idoles ne sont plus de bois ou de marbre, mais elles s'appellent désormais ;

- L'hypocrisie ;
- L'indifférence ;
- Le statut social ;
- La reconnaissance sociale au sein même des assemblées ;
- Le désir d'être « bien vu » ;
- L'affichage des signes extérieurs de bénédictions ;
- L'étalage sur les réseaux sociaux d'une vie qui n'a rien à voir avec celle de Christ ;
- Le voyeurisme, ce désir malsain de voir et de savoir ce qui se passe chez les autres, non pas pour compatir ou prier, mais dans le but de se conforter et de se sentir tellement mieux quand ça ne va pas en nous ou, au contraire, être jaloux à en faire une jaunisse car on convoite ce que possède les autres ;
- La médiocrité car on refuse de travailler dur pour le Seigneur en visant l'excellence ;
- La recherche de Dieu pour ce qu'Il va me donner et non pour qui Il est, etc.

En quoi nos rituels sont-ils « plus saints » que ceux des autres confessions ? Nous ne paradons peut-être pas avec des vêtements de cérémonie, ou des coiffes étranges sur nos têtes ; nous n'adhérons peut-être pas à tout un système de règles que nous critiquons chez les autres ; nous ne proclamons peut-être pas l'existence d'un purgatoire, que Dieu nous en garde ! Non, nous préférons attirer les gens du dehors en laissant « le monde » largement entrer dans les assemblées (Matthieu 7.13). Quoi de plus normal puisque le prosélytisme n'a pas bonne presse ; il faut bien s'adapter à notre temps pour recruter des adeptes ! Nous adoptons des méthodes comme le système pyramidal dans le but d'augmenter le nombre de nos adhérents. Nous ne faisons peut-être pas payer les prières, ah ça non, mais nous mettons en place tout un tas de formations payantes et déclarons sans vergogne : « maintenant que tu as fait telle formation, tu es habilité à prêcher sur ce sujet ! Maintenant que tu as fait la formation sur le don prophétique, tu peux ouvrir la bouche au titre de prophète le dimanche, mais n'en dis pas trop quand même !... »

« Oh ! Tu n'as pas fait la formation « coloriage, découpage, collage » pour t'occuper des 3 à 6 ans ? Désolé, nous allons devoir te retirer du poste de monitrice ! » Tant pis si tous les dimanches en te voyant les enfants courent se jeter dans tes bras car eux reconnaissent en toi l'appel de Dieu au travers de l'amour que tu savais leur donner.

Nous ne prêchons peut-être pas le purgatoire, car nous savons que c'est une hérésie, mais en revanche, nous encourageons la passivité du plus grand nombre en permettant qu'une « élite » se maintienne à la tête et s'autoproclame « autorité spirituelle » d'une assemblée. Tant pis si cette élite éteint le Saint-Esprit. Or la Bible nous a appris qu'un conducteur spirituel qui ne se soumet pas à Christ est juste un conducteur soumis à l'esprit de Jézabel (Apocalypse 2.20).

Prenons conscience que la passivité nous empêche de viser l'excellence pour Christ en ayant nos yeux fixés sur la récompense, à l'instar d'Abraham et de Moïse, nos pères dans la foi. Hébreux 11.6 déclare : « Or, il est impossible de lui être agréable sans la foi, car il faut que celui qui s'approche de Dieu, croie que Dieu est, et qu'il est le rémunérateur de ceux qui le cherchent. »
Peut-être direz-vous que ce verset est hors contexte car l'auteur parle de la foi. Mais rappelez-vous que croire et obéir sont intimement liés.

Tout le chapitre d'Hébreux 11 fait mémoire des hommes et des femmes qui, par la foi, ont tout abandonné pour obéir à l'appel de Dieu car chacun d'eux avait les yeux fixés sur une récompense plus glorieuse.

Encore une fois, je ne dis pas qu'en agissant ainsi nous ne ferons pas d'erreurs. Je dis que si nous nous trompons sincèrement tout en aimant Dieu et en Le poursuivant de tout notre cœur, lorsque le Saint-Esprit nous aura montré notre erreur, nous nous sentirons misérables et ne tarderons pas à nous en repentir. Nous aurons désormais ce péché en horreur et nous ne voudrons plus le commettre, même si cela peut parfois prendre du temps.

Alors lorsque le Saint-Esprit nous parle, qu'Il éveille en nous un doute et ébranle nos convictions, sachons nous arrêter ! Acceptons de faire marche arrière, car si nous refusons l'avis du Saint-Esprit, nous péchons alors volontairement. Si nous persistons dans cette voie, nous sommes des hypocrites et là, ce n'est plus le tribunal des récompenses qui nous attend si nous ne nous repentons pas, mais le feu et les grincements de dents.

J'ai entendu des affirmations vraiment effrayantes qui plongent les chrétiens dans la passivité, par exemple : « Nous serons tous jugés ; heureusement que Jésus nous défendra puisqu'Il est notre avocat ! » Jésus est certes notre avocat auprès du Père dès maintenant selon qu'il est écrit dans 1 Jean 1.9 : « Si nous confessons nos péchés, Il est fidèle et juste pour nous les pardonner, et pour nous purifier de toute iniquité. […] Mes petits enfants, je vous écris ces choses afin que vous ne péchiez point. Et si quelqu'un **a péché**, nous **avons** un avocat auprès du Père, Jésus-Christ, le Juste. ». Dans ce dernier verset, il s'agit d'une action passée qui nécessite **maintenant** (le second verbe est au présent) une mise en règle. Il n'est pas écrit : « si quelqu'un a péché, nous **aurons** un avocat. » Ce verset nous invite à nous mettre en règle immédiatement dès que le doute ébranle nos consciences.

Mais il n'est nullement mentionné que je peux pécher sciemment et que ce n'est pas grave d'agir sans conviction puisque Dieu m'aime et me prend comme je suis. Son Fils Jésus n'a-t-Il pas payé le prix pour mes offenses ? Et quand je serai là-haut devant le Père, Jésus défendra bien mon manque d'intégrité induite par mon refus de Le chercher et Le connaître. Mes amis, sachez qu'on ne se moque pas impunément de Dieu. Il est le Saint et le juste Juge. Cette vérité devrait nous inspirer la crainte de Dieu et nous maintenir à genoux dans la prière, alertes et obéissants devant Sa face.

En mai 2018, lors d'une réunion, Dieu m'a dit par un don prophétique : « Je vois un livre ouvert, un livre avec des pages blanches qu'il faut remplir […] Tu vas devoir te tenir aux pieds de Jésus et te laisser guider par le Saint-Esprit […] »

C'est à force de prière que Dieu m'a conduite et qu'Il a déposé une conviction sur mon cœur. Au travers de tous les sujets ou témoignages qui pourraient faire l'objet d'un livre, la certitude de devoir écrire sur la dîme, la véritable dîme, m'a été donnée. En remplissant ces pages, j'ai prié encore et encore en demandant à Dieu de rester humble sous la direction du Saint-Esprit qui me guidait dans mes recherches et mes analyses. Il m'a donné de découvrir d'autres trésors que renfermait la merveilleuse Parole. Depuis la dîme d'Abraham jusqu'à la dîme de Malachie, Dieu nous invite à Lui appartenir : corps, âme et esprit. Nous devons Le rechercher chaque jour, de tout notre cœur, Le poursuivre sans cesse, approfondir toujours plus notre intimité avec Lui en augmentant notre connaissance de Christ dans l'attente de notre bienheureuse espérance : le Retour de Jésus. Et c'est parce que nous Le poursuivons que le Saint-Esprit crée en nous le vouloir et le faire. Ne nous y trompons pas : jamais Dieu ne nous imposera Son amour, mais si nous n'avons pas l'Amour du Père en nous, **le moment est venu de nous demander si nous sommes vraiment nés de nouveau**. La Bible nous prévient à ce sujet en ces termes :

« N'aimez point le monde, ni les choses qui sont dans le monde. Si quelqu'un aime le monde, l'amour du Père n'est point en lui. » (1 Jean 2.15)

Alors oui, je suis vraiment en colère contre tous ces faux enseignements qui font croire aux chrétiens qu'ils peuvent aimer le monde et Dieu en même temps. MENSONGE !!!

C'est ici ma prière pour chacun de nous. Prenons conscience que :

- Dieu est le juste Juge. Il ne peut s'associer au péché ;
- Ayant été conçus dans le péché, nés dans le péché, aimant et pratiquant le péché, et étant remplis d'iniquités, nous étions privés de Sa présence et la colère de Dieu demeurait sur nous. Avant de connaître Jésus le Sauveur du monde, nous étions voués à servir Satan (Jean 3.36) ;
- Dieu, qui nous a aimés d'un amour que je ne comprends pas, a choisi d'envoyer Son Fils afin de nous sauver par Son sacrifice, en L'écrasant par la souffrance, et en Lui faisant boire la coupe de Sa colère. Cette coupe renfermait toutes les abominations commises par l'homme et tous les jugements et sentences qui

lui étaient destinés. Oui, il Lui a plu de briser Son Fils, Son Trésor, par la souffrance. Dans ces instants, le Père détourna Ses regards de Son Enfant en qui Il avait mis toute Son affection, Lequel est devenu péché, ignominie, abomination, à ma place, à ta place, pour nous ;

- En vue de la gloire à venir, Jésus a accompli ce plan de rédemption qui était prévu dès le deuxième jour de la création. C'est ce jour-là que Dieu ferma le ciel et qu'Il se garda de dire que « cela [était] bon », annonçant dès lors que Sa colère tomberait sur Son Fils bien-aimé ;
- S'Il n'a pas épargné Son propre Fils qui était sans péché mais qui s'est fait malédiction pour nous, comment pourra-t-Il nous épargner si nous négligeons un si grand salut ? (Hébreux 2.3 et 10.26 à 27)

Je prie pour nous tous. « Que nous puissions avoir sans cesse cette douce crainte de Dieu au fond de nous, car c'est elle qui nous préservera de l'orgueil, du péché et de l'éloignement. Rappelons-nous que Dieu a tant aimé le monde, qu'Il a donné son Fils unique afin que celui qui croit en Lui ne périsse point mais qu'il ait la vie éternelle (Jean 3.16). Confondus devant tant d'amour, nous ne pourrons Le servir autrement que de tout notre cœur, car il n'y a rien de plus doux ni de plus merveilleux que de demeurer dans Sa présence, en cherchant sans cesse à faire Sa volonté. Que Jésus nous y aide.
Père, c'est au nom de Ton Fils Jésus que je te prie. »

AMEN